# 动车组季节检修运用安全要点

主 编 石高山

西南交通大学出版社
·成 都·

### 图书在版编目（CIP）数据

动车组季节检修运用安全要点 / 石高山主编. 一成都：西南交通大学出版社，2018.5
ISBN 978-7-5643-6155-6

Ⅰ. ①动… Ⅱ. ①石… Ⅲ. ①动车-机车检修 Ⅳ. ①U269

中国版本图书馆 CIP 数据核字（2018）第 083287 号

### 动车组季节检修运用安全要点

主编　石高山

| | |
|---|---|
| 责任编辑 | 孟苏成 |
| 封面设计 | 何东琳设计工作室 |
| 出版发行 | 西南交通大学出版社<br>（四川省成都市二环路北一段 111 号<br>西南交通大学创新大厦 21 楼） |
| 发行部电话 | 028-87600564　028-87600533 |
| 邮政编码 | 610031 |
| 网址 | http://www.xnjdcbs.com |
| 印刷 | 四川森林印务有限责任公司 |
| 成品尺寸 | 170 mm×230 mm |
| 印张 | 8 |
| 字数 | 125 千 |
| 版次 | 2018 年 5 月第 1 版 |
| 印次 | 2018 年 5 月第 1 次 |
| 书号 | ISBN 978-7-5643-6155-6 |
| 定价 | 24.00 元 |

课件咨询电话：028-87600533
图书如有印装质量问题　本社负责退换
版权所有　盗版必究　举报电话：028-87600562

# 编委会名单

编委会主任：石高山　包　建
副 主 任：孟庆亚　武苏永　吴昌荣
编　　委：吴世雷　李　伟　房兆鹏
　　　　　李　贝　刘治理

# 前言 FOREWORD

  为切实做好动车组季节性检修运用工作，确保动车组安全，结合我段动车组检修运用实际，编写了《动车组季节检修运用安全要点》。

  本书对夏季动车组散热系统检修及冬季动车组"五防"（防寒、防冻、防闪络、防雪、防火）工作进行了详细介绍，并对动车组恶劣天气下限速规定、动车组作业安全及动车组蓄电池管理进行了说明。由于高速铁路动车组发展较快，本书在编制过程中存在遗漏和不尽完善之处，恳请各位领导和职工同志们提出宝贵意见，以便进一步修订完善。

  本书适用于中国铁路郑州局集团有限公司郑州动车段配属动车组运用检修作业。对于在本段存放的外属动车组，根据签订的相关协议，比照执行。

  本书中夏季指 4 月 1 日~10 月 31 日，冬季指 11 月 1 日~3 月 31 日；防寒防冻期指 11 月 15 日~3 月 15 日，遇有特殊天气时，当最低温度为 10 ℃ 及以下时为防寒防冻期开始时间，当最低温度为 10 ℃ 及以上时为防寒防冻期结束时间。

  本书中关于动车组防闪络、防火、防滑等相关要求同样适用于除冬季外的日常检修作业。

中国铁路郑州局集团有限公司郑州动车段

石高山

2018 年 1 月

# 目 录
CONTENTS

第一章　动车组入夏前整备 …………………………………………… 1

第二章　动车组夏季作业 ……………………………………………… 6

第三章　动车组冬季检修的整备及组织工作 ………………………… 9

第四章　动车组防寒、防冻 …………………………………………… 12

第五章　动车组防闪络 ………………………………………………… 18

第六章　动车组防冰、防雪 …………………………………………… 26

第七章　CRH2A 统型动车组防冻排水办法 ………………………… 37

第八章　CRH380A 统型动车组防冻排水办法 ……………………… 47

第九章　CRH380AL 型动车组防冻排水办法 ………………………… 57

第十章　CRH380B 型动车组防冻排水办法 ………………………… 67

第十一章　四方平台动车组转向架冰雪天气应对方案及处置措施 …… 75

第十二章　CRH380B 型动车组转向架融冰除雪出库标准及融冰除雪操作规范 …………………………………………………… 97

第十三章　动车组看管及防火 ………………………………………… 113

第十四章　动车组蓄电池使用、维护卡控措施 ……………………… 116

第十五章　恶劣天气下检修运用其他要求 …………………………… 118

# 第一章 动车组入夏前整备

## 一、材料配件储备

做好动车组重点使用配件的采购和储备工作，一是要根据检修实际情况及时做好用料统计，并提前做好易损易耗件的预估，及时提报采购需求，确保易损易耗配件备料充足；二是要根据历年用料情况对料件进行储备，并根据提报料件购置需求，做好采购工作。

## 二、整备内容

1. 加强动车组走行部检查整修

（1）对转向架大部件及悬吊部位、轮对、轴箱定位装置、基础制动装置等进行检查，各紧固件无松动、各部无裂纹、无磨碰痕迹，各部件限度测量值在限度范围内；对转向架上电器连接线、接地线（接地装置）进行检查，连接状态紧固良好、无松动，电缆无破损。

（2）对转向架、车底端墙板防松标记进行一次全面保洁，对标记缺失、错位不清晰的进行力矩校核并重新涂打防松标记，保证防松标记清晰、无错位，防松铁丝作用状态良好；对轮对尺寸进行一次全面检查测量，做好记录；对轮对、齿轮箱等脱漆部位进行补漆，补涂时要做到清晰、规范、不污染。

（3）对空气弹簧进行全面检查，确保空气弹簧作用状态良好；对动车组一、二系及抗蛇行减振器、车间减振器进行全部检查，确认减振器作用状态良好。

（4）对牵引传动系统进行检查，确认齿轮箱、牵引电机及各传感器外观良好，齿轮箱油位正常，无渗油现象。

（5）对撒砂装置、轮缘润滑装置进行检查，确认撒砂、轮缘润滑设备状态良好，功能正常。

（6）对各类盖板的滑道、滑轮进行清洁、润滑。

（7）对转向架温度贴片进行一次全面检查，对显示不清晰、失效及脱落的温度贴片进行更换和补充。

（8）对转向架、车体及车端连接部位所有异物及异常检修标识进行清理。

（9）对停放制动装置进行检查和试验，确认停放制动缸各连接管路安装牢固，配管状态良好。

2．开展动车组空调系统整修

（1）结合二级检修对空调冷凝器和蒸发器、换气装置进行彻底清洁保养，并进行全面功能测试，确保暑运期间空调、换气装置的正常使用。每次对主变压器散热器和空调冷凝器、蒸发器进行清洁时，要先用毛刷将散热器上的异物清理干净，再用高压风管进行清洁，最后用清水进行冲洗。风管和水管与散热器翅片表面垂直，防止翅片翻卷变形。清洁时风压为 0.6～0.8 MPa，风枪喷嘴距散热器表面 10～12 cm；水压为 1.5～2 MPa，水枪喷嘴距离散热器表面 10～12 cm。

（2）对空调装置排水功能进行检查，重点对蒸发器排水盘底部螺堵排水，并清理排水泵吸水口污物，凡下载数据中显示空调排水泵故障的空调机组，须对其排水泵进行更换。

（3）对空调、通风、冷却装置等进行全面整修和检查试验，检查各接线端子及电器元件外观状态无异常，螺栓防松标记无松动，对空调各部滤网进行清洁或换新。

（4）利用声谱检测仪对空调系统各风机等关键配件的运行状态进行检测，及时处置故障隐患。

（5）在维修模式下查看 CRH2/CRH380A 型系列动车组客室空调显示器故障代码，并在各工况下查看各风机、压缩机、逆变器等工作电流及氟利昂压力值，确定其均在规定标准范围内；查看 CRH2E 统、CRH380B 型动车组监控屏空调状态，并对空调系统进行软件监控，确保无故障显示。

（6）组织主机厂对前期发生的空调故障进行梳理，对突出问题（压缩机不工作、控制板卡故障、风机异音）进行集中普查和整治，确保空调系统功能良好。

3．开展动车组散热设备的清洁及除尘

（1）对各散热设备进行一次全面清洁及除尘，重点对牵引变压器、牵引变流器、辅助变流器、空压机、牵引电机等设备的散热器进行彻底清洁及除尘，确保散热设备作用良好。

（2）对无纺布滤网统一换新，对状态不良金属滤网进行更换。

（3）结合季节性特点（飞絮时段、高温时段）、线路、车型等具体情况，及时加密散热装置及滤网的清洁、更换频次。

4. 强化动车组电气设备整修

（1）检查确认配电柜各电伴热空开处于断开位，并对臭气装置、轴温报警装置进行检查及维修，做到配件齐全、作用良好。

（2）对各配电柜进行检查清理，各接触器、继电器、电磁阀外观及安装状态良好、位置正确，各接线端子无损坏、变色、安装牢固，各配电柜内无异物、无积水、隔热层良好，温度试纸粘贴牢固、无缺失、状态良好。

（3）对车内各电源插座进行检查，确认外观良好，无变色、烧损，电压稳定；对餐车电器设备进行检查，3C安全认证标识齐全、功率符合要求。

（4）对牵引变压器、牵引变流器及附属装置进行检查，确认各部件安装状态良好，接线无破损、变色。

（5）对电茶炉管路进行紧固检查，清理积水托盘、疏通排水管，确认电茶炉状态良好，并恢复净水箱上水滤网。

（6）对蓄电池进行检查，确保各部件安装状态良好，悬挂件良好，防松标记清晰；蓄电池箱内清洁、干燥，蓄电池无破裂、变形、漏液、电压正常；检查接线端子及连接线，确保接线端子无腐蚀、锈蚀、碰磨，连接线无挤压，连接牢固，连接线内芯线露出或断线时更换连接线。

（7）对应急升弓电源装置进行检查、保养，保证作用状态良好。

5. 加强车端连接部位检查整修

（1）对车端连接风管及各跨接连接线进行检查，确保各部状态正常，插头安装牢固、无松动，风管折角塞门锁闭良好，防松标记清晰无错位，防松铁丝捆扎状态良好。

（2）对自动车钩、中间车钩、过渡车钩状态、各紧固件无松动、润滑良好，并按二级修标准进行整修和清洁，确认状态良好。

（3）对车端风挡部位进行检查，对风挡导轨、滑轮状态进行检查，确保动车组外风挡及防雪风挡外观安装状态良好，橡胶无老化、无破损。

（4）对头罩开闭机构、转动机构、滑道进行润滑并做开闭试验，确保头罩开闭功能正常，并对头罩破损、脱漆情况进行修补处理。

（5）对统型过渡车钩、风管、连接线、铁鞋等应急设备进行检查、保养，保证数量齐全、作用状态良好。

6. 加强动车组车顶高压设备整修

（1）对受电弓进行检查，受电弓各部件安装牢固，无丢失、变形、松动，气路无泄漏，各关节转动灵活，软编线完好，气囊无裂损；高压隔离开关各连接点接线牢固、无松动，接地开关动作灵活；各绝缘子安装牢固、清洁良好，无破损、老化、龟裂；对防松标记进行一次全面保洁，对标记缺失、错位不清晰的进行力矩校核并重新涂打，保证防松标记清晰、无错位。

（2）对车顶各电缆进行检查，各电缆接头外观及安装状态良好；特高压连接电缆盒无破损变形，外观及安装状态良好，电缆外观状态良好，无电蚀、老化现象。

（3）对车顶T型连接器、高压隔离开关、受电弓、避雷器、EGS及其他易放电部位周围的灰尘、杂物集中进行一次清洁，应露出车顶绝缘漆原色，并对缺损的部位进行补刷，对防污闪涂层有破损的绝缘子进行喷涂。

（4）检查受电弓监控设备，确保配件完整，功能正常。

（5）对车顶导流罩进行检查，确保各部螺栓安装紧固。

7. 加强制动及供风系统检查和试验

（1）检查各制动管系、制动控制单元内部、各风缸、阀类接头无泄漏，各安全阀部件完整，铅封无破损。

（2）对动车组制动管路紧固、管卡外观状态进行检查，检查管路有无磨碰、管卡有无松动。

（3）检查各型车空气压缩机、辅助压缩机油位正常，无渗油现象，干燥器外观正常，工作状态良好，并对空气压缩机润滑油及油过滤器进行更换。

（4）对动车组制动系统管路进行一次彻底的排水，并对动车组进行制动试验。

8. 加强源头质量整治和数据下载分析，消除动车组故障

（1）根据配属动车组源头质量整治进度，与主机厂做好对接，以动车组春季整修为契机，合理安排动车组源头质量整治，加快整治进度。

（2）对动车组车载数据、牵引变流器、BCU（制动控制单元）、APU（辅助电源装置）数据逐列逐项进行下载、分析，及时消除故障；对配属动车组轴温实时监测系统数据进行下载、分析，消除故障隐患。

（3）对动车组现有故障进行收集整理，以动车组为单位，结合每日运行故障进行积极处理，确保春季整修效果有效落实；组织各动车所及各主机厂售后服务站对遗留故障进行商讨，制订修复策略及修复计划，并督促及时实施；积极联系订购缺失配件。力争春整阶段消除全部待料故障。

9. 南方交路动车组，尽早安排空调整修

按照运检计划，对南方交路动车组尽早安排空调整修，整修完成的动车组优先安排南方交路。

# 第二章 动车组夏季作业

## 一、4月~10月动车组散热系统清洁周期

（1）CRH2A 统型动车组主变压器散热器、空调冷凝器和蒸发器。

① CRH2A 统型动车组主变压器散热器清洁周期定为 4 天。

② CRH2A 统型动车组空调冷凝器滤网清理周期定为 4 天。

③ CRH2A 统型动车组空调蒸发器滤网清洁周期定为 8 天。

（2）CRH380AL 型、CRH380A 统型动车组主变压器散热器、空调冷凝器和蒸发器。

① CRH380AL 型动车组空调蒸发器滤网清洁周期定为 8 天。

② CRH380AL 型动车组空调冷凝器滤网清洁周期定为 4 天。

③ CRH380AL 型动车组主变压器散热器清洁周期定为 7 天/8 天。

④ CRH380A 统型动车组空调蒸发器滤网清洁周期定为 8 天。

⑤ CRH380A 统型动车组主变压器散热器清洁周期定为 4 天。

⑥ CRH380A 统型动车组空调冷凝器滤网清洁周期定为 4 天。

（3）当出现郑州市外界环境温度超过 35 ℃ 等情况时，四方平台运用动车组空调冷凝器滤网清洁周期为 2 天。

（4）CRH2A 统、CRH380A 统、CRH380AL 型动车组散热系统除空调冷凝器、蒸发器滤网清洁、主变压器散热器清洁项目外，其余散热系统清洁项目的周期按动车组二级修作业分包方案要求执行。

（5）CRH2E 统型动车组空调滤网、新风滤网清洁周期暂定为 8 天，其余各散热系统清洁周期按照 CRH2A 统型动车组周期执行。

（6）CRH380B 型动车组各散热系统清洁周期按照 CRH380B 简统型动车组二级修作业分包方案要求执行。

## 二、检修要求

（1）依照一、二级修空调装置检修工艺标准，加强对动车组空调装置

的检修，重点对司机室空调、客室空调冷凝器、蒸发器、排水管路及其滤网进行检查清洁，检查各接线端子及电气元件外观状态无异常，并对空调各工况进行试验，保证设备性能良好，质检车间加强检查验收。

（2）一级修作业时，作业人员用点温计对空调出风口温度进行点温，发现异常及时处理。并对司机室空调制冷性能进行检查试验，确保状态良好。试验完毕后关闭司机室空调。

（3）一级修作业时，作业人员将四方平台动车组全列空调设为自动集控制冷模式，设定温度为 26 ℃，并维持工况和温度设定。

（4）动车组入库后及时对车载数据进行下载分析，对动车组轴温、空调、排水泵、牵引变压器、牵引变流器、辅助变流器、牵引电机等数据进行重点分析，对发现的隐性故障要制订相应的处理措施，并及时消除，确保动车组运行安全。

（5）安排专人在每次动车组入库后测量牵引变压器、辅助电源装置、牵引变流器、牵引电机冷却风机等设备的电流值；查看空调显示器故障代码，并在各工况下查看各风机、压缩机、逆变器等工作电流值。确定各电流值均在规定标准范围内，并检查是否有异常振动和异音，若有问题及时处理。

（6）一级修作业时，作业人员须对动车组玻璃防晒膜和温度贴片进行检查。发现防晒膜破损时要及时进行处理；发现温度贴片有异常温升时要及时查明原因并进行处理，不能查明原因时要及时进行扣车处理。

（7）出库联检作业时质检员须对客室空调工况及温度设定情况进行确认，用点温计对空调出风口温度进行点温，发现异常及时反馈。并对司机室空调制冷性能进行试验，确保状态良好。试验完毕后关闭司机室空调。

（8）严把质量关，夏季加大对空调蒸发器、冷凝器及其滤网清洁质量的检查，确保不错拆、不漏清、不错清、不漏装、不错装。当库内检查发现动车组空调装置作用不良时，严禁出库上线运行。

（9）加强对空调装置及其滤网的清洁，严格按照清洁周期进行清洁，对损坏或作用失效的滤网立即进行更换。

（10）高度重视动车组冷却系统、空调系统检查，加强对动车组各滤网和散热器、冷凝器状态的跟踪检查和动态研判，并根据天气、线路等实际情况适当加密清洁周期。在柳絮、杨絮等花絮多发季节要安排专人检查滤网花絮堵塞情况，发现滤网有花絮堵塞情况时，要加密各散热系统滤网清扫频次；加强对途径太原、西安等地动车组的散热系统清洁，确保清洁质量、跟踪散热效果，必要时缩短散热系统清洁周期，确保动车组运行正常。

## 三、运用要求

（1）随车机械师出乘接车作业时，对客室空调工况及温度设定情况进行确认，并确认非主控端司机室空调处于关闭状态。

（2）动车组正常运行时，全列空调设为自动集控制冷模式，设定温度为 26 ℃；司机室空调在无人时处于关闭状态。

（3）随车机械师严格落实一次乘务作业标准，加强途中巡视，并对空调、牵引变压器、牵引变流器、辅助变流器以及显示屏显示的轴温、牵引电机温度、客室温度进行监控。动车组运行中发生空调工作不良、轴温偏高等问题时，要严格按规定加强应急处置和信息汇报，信息要及时、准确，努力将行车影响减小至最低限度。

（4）若车内温度高于 28 ℃，在 12 时至 16 时关闭动车组换气装置，并通知车长尽可能关闭客室向阳侧的车窗窗帘。关闭换气装置后，若感觉到异味或气闷，可间断性开启换气装置。如有空调制冷效果差时，可适当降低相邻车厢空调设定温度。

（5）动车组空调装置发生无法判明原因或途中无法处置的故障时，要果断组织更换车底，不要盲目带车。如动车组因轴温等故障遭拦停时，要及时进行点温。

# 第三章 动车组冬季检修的整备及组织工作

## 一、人员培训

冬季来临前,进行全员防寒过冬培训,利用案例教育、规章解读、印发卡片等多种形式,重点对冬季人身和作业安全要求、动车组及固定设备性能特点、防寒过冬措施、作业办法、设备故障应急处置预案相关内容进行学习,提高管理人员、作业人员对冬季安全和检修运用要点的掌握水平和作业能力。

## 二、材料配件储备

做好动车组重点使用配件的采购和储备工作。一是根据检修实际情况及时做好用料统计,并提前做好易损易耗件的预估,及时提报采购需求,确保易损易耗配件备料充足;二是根据历年用料情况对料件进行储备,受电弓、碳滑板、闸片、车窗玻璃、挡风玻璃、刮雨器、传感器、齿轮箱观察窗、制动夹钳、支撑绝缘子、高压隔离开关、各类油脂(尤其是齿轮箱润滑油)等关键材料配件要配备充足,并根据车间提报料件购置需求,做好采购工作;三是储备足够的防寒过冬材料、燃料和工具,检修好除冰雪机具和防雪设备,做好防寒劳动防护用品的配备和发放。

## 三、设备设施整修

(1)对空心轴探伤机、轮辋轮辐探伤设备、不落轮镟床、便携式探伤设备、LY(轮对故障动态检测系统)、SJ(受电弓动态检测系统)、立体作业平台、安全联锁监控设备、库内吸污、上水装置等动车组检修专用设备开展整修和试验,确保状态良好。

(2)对 TEDS(动车组运行故障动态图像集中检测系统)等检测设备进行检查和整修,确保冬季设备运行正常。

(3)对库内消防设施进行检查、整修和试验;对各储风缸、锅炉、电梯、叉车、各动力插座箱等特种设备的状态进行检查和试验；对电瓶车等车辆的电池状态进行检查；对视频评价摄像头进行检查和擦拭。

（4）对融冰除雪设备、热风机、暖气设施、融冰除雪铲、防冻液、长柄刷、扫帚等融冰除雪设施、设备、工具用品进行检查和整修。

## 四、动车组整修和防寒整备

1. 主要作业项目

在保证正常一、二级修作业标准及质量的基础上，每年结合动车组秋季整修，对动车组冬季易发生安全隐患的重点部位进行重点检查，主要的作业项目有：

（1）动车组下部检查整修，重点保证齿轮箱油位、油质正常，发现异常立即处理。

（2）对动车组制动及供风系统检查整修，保证制动系统各设备作用良好。

（3）车端连接部位检查整修，保证各部件状态良好，功能正常。

（4）动车组高压设备整治，确认车顶高压设备功能正常，做好维护和保养。

（5）动车组电气设备及大功率用电设备检查，确认配电柜、餐车、车厢内电源插座、各类传感器及功能主机状态正常、无安全隐患。

（6）动车组死角清理，确保各部清洁彻底。

（7）司机室设备检查整修，确保各设备状态良好、功能正常。

（8）各部滤网及散热系统整修，确保各裙板、滤网挡槽处无灰尘及杂物。

（9）动车组数据下载分析，对发现的隐性故障制订相应的处理措施，及时消除隐患，确保动车组运行安全。

2. 做好动车组防寒整备工作

（1）动车组防寒整备和采暖交接必须在防寒防冻期开始前完成。

（2）对动车组主回路、辅助回路、加热器回路、驾驶室加热器回路进行绝缘测量，确认测量值在正常范围内。

（3）检查确认各电伴热系统工作正常。经过整备后各车厢保温开关处于闭合位置，各型加热器工作正常。

（4）定期对各风缸、空气滤清器、主空压机冷凝水收集箱、辅助空压机油水分离器、主断供风气缸、车体进行排水，同时做好记录，并对动车组受电弓阀板滤清器进行清理，确保受电弓升降弓作用状态良好。

（5）检查车体侧门和塞拉门工作正常、密封良好，对动车组车体侧门排水槽及滤网全面疏通，确保下水顺畅；对动车组塞拉门密封胶条和门框涂打润滑油脂。

（6）将四方平台动车组（CRH2E型动车组除外）车底、转向架端部空调通风口全部关闭，避免冰雪进入设备舱。

（7）检查内风挡连接正常无破损、密封良好。对动车组车辆内风挡连接处过渡板下部卫生进行清理，清理积水、积尘和垃圾异物，消除防冻和防火安全隐患。

（8）各车窗正常无破损，活动窗关闭正常、气密良好；司机室挡风玻璃电加热系统工作正常。

（9）对四方平台动车组空调制暖模式进行试验，空调温度设定到20 °C，检查制暖工况1小时下客室制暖温度达到设定值，并检查配电柜内相关继电器及接线端子状态良好，系统无故障报警；长客平台动车组空调打到自动位，工作1小时后客室达到恒定值（22.5 °C）。空调采暖系统全负载通电试验1小时，测量系统主要接触器、接线端子温升符合要求。

（10）对污物箱、净水箱（含车上水箱）等设备进行检查，确保防寒层外观状态良好、无破损；将四方平台动车组盥洗设备温水箱温度设定为30～40 °C，对盥洗设备温水箱出水温度进行确认。对司机室前窗覆膜加热器功能进行试验；将司机室配电盘保温开关处于闭合位，闭合保温试验旋钮1小时后检查确认各空开不动作，接线端子不变色，车厢和配电柜内无异响、异味。

（11）防寒整备完毕后，组织人员对防寒整备质量逐列、逐辆、逐项检查验收，验收合格后在记录单上签字确认。

（12）动车组防寒整备完成后，与客运部门做好采暖交接。采暖交接后，非因故障原因，随车机械师不得拒绝客运部门关于开启动车组采暖设施的要求。

# 第四章 动车组防寒、防冻

## 一、检修要求

### 1. 防寒整备后检修要求

对于防寒整备后投用电伴热的动车组，一级修作业时，试验盥洗室水龙头、卫生间洗手池水龙头出水状态，确认出水温度正常；观察污物箱及吸污作业，确认污物箱无异常加热问题；CRH2A统型、CRH380A统、CRH2E型动车组，一级修作业时重点通过配电柜内液位/加热显示器中【水箱加热指示】【污物箱加热指示】显示状态，对比卫生间洗手池出水温度，判断电伴热是否存在不加热或异常加热故障（水温 9 ℃以上水箱电伴热不工作，水温 3.5 ℃以下水箱电伴热工作）。

### 2. 冬季检修要求

（1）二级修时，动车所按照作业标准加强对空调系统进行检修，重点是空调各回风口、温度传感器、空调电加热器的检查清洁，对空调数据进行检查或下载分析，确保状态良好。质检员重点对空调各回风口、温度传感器、空调电加热器等关键部位清洁状态及空调通电试验进行检查验收。

（2）定期对各风缸、空气滤清器、主空压机冷凝水收集箱、辅助空压机油水分离器、主断供风气缸、车体进行排水，同时做好记录，并对动车组受电弓阀板滤清器进行清理，确保受电弓升降弓作用状态良好。

（3）二级修时作业人员要认真测量蓄电池容量，发现蓄电池容量低于80%时，要立即更换。一级修作业时，发现有蓄电池电压降低过快的现象时，要更换容量低的蓄电池。

（4）二级修时，动车所要加强对动车组车体侧门排水槽的清洁，并进行排水试验；对塞拉门密封胶条和门框涂打润滑油脂。

### 3. 防寒防冻期检修要求

（1）一、二级检修作业时，加强对各保温开关状态的检查，确保各车配电柜中保温开关、电伴热开关处于闭合位；四方平台动车组司机室配电盘中保温开关处于闭合位。

（2）动车组入库后，一级修作业人员应检查确认四方平台动车组空调工况设置在制热位（自动位），温度设定为 20 ℃，长客平台动车组空调工作 1 小时后室内温度应达到恒定值（22.5 ℃）；检查内风挡和配电柜中无冷凝水；检查侧门排水槽，发现积水和脏堵时立即清理，防止冰堵；检查吸污、上水口盖状态，确保滑道润滑到位，开闭状态良好，防止盖板与车体冻结；检查电茶炉、盥洗室、卫生间便器和水龙头工作情况，防止给水系统冻结或温度过高；检查动车组各排水口状态，防止排水管路冻结；检查高调阀、防滑排风阀、撒砂口等重点部位，防止冻结影响动车组运行安全；对动车组前窗玻璃加热装置功能进行检测，确认玻璃加热良好。

（3）动车组二级修、重联或解编作业时，检查、确认自动车钩电伴热工作正常，钩头、电气联接器和开闭机构无结冰、冻结等异常情况。

（4）每月动车组质量鉴定时，质检员需重点对各电伴热开关位置及工作状态、空调通电试验、吸污上水口盖润滑情况、制动系统排水等进行检查。

（5）担当开往高寒地区（高海拔、高纬度、常年低温区域）交路任务的同型动车组刮雨器水箱内须使用耐温-40 ℃及以下的防冻玻璃水，其余动车组使用耐温-20 ℃及以下的防冻玻璃水，同时每次一级修时，作业人员做好补充。

（6）空气压缩机及轮缘润滑装置使用适应-40 ℃环境的润滑油。

## 二、防寒防冻期运用要求

### 1. 出库检查

动车组出库前，随车机械师须检查动车组预热情况。检查各水龙头和卫生间是否正常出水；检查温水箱是否出热水；电茶炉是否正常工作；将四方平台动车组空调工况设置在制热位（自动位），温度设定为 20 ℃，长客平台动车组空调设定在自动位；检查各车辆出风口是否出热风；对动车组两侧车门集控打开和关闭各 3 次，通过监控屏确定车门集控开关状态良好。发现冻车时立即向存放点管理单位调度和段调度指挥中心汇报，并升弓送电进行保温。

2. 途中检查

（1）在途中、折返巡视作业时，随车机械师车厢巡视时加强对空调装置和车窗玻璃的检查，确认监控屏无故障显示；检查温水箱是否出热水；检查无旅客车厢的用水设备功能是否正常；四方平台动车组空调设定温度为 20 ℃，长客平台动车组客室温度为 22.5 ℃，客室实际温度符合要求，随车机械师可根据客运人员要求对空调温度进行调整，满足旅客使用。

（2）冬季非高寒动车组在高寒地区（高海拔、高纬度、常年低温区域）运行时，随车机械师要每小时检查一次动车组车内旅客信息显示屏显示的外温情况并拍照。发现外温低于-10 ℃时，随车机械师要每小时对各车厢水龙头和卫生间进行一次动作试验；发现外温低于-20 ℃时，要立即向段调汇报，并在动车组车内进行不间断巡视，同时加强与司机的沟通，密切监控动车组运行状态和设备状态。

（3）动车组始发、终到、折返、换端等车外巡视作业时，随车机械师须对动车组车顶高压设备外观状态进行检查，发现异常情况及时向段调度汇报。

（4）运用动车组在运行途中长时间停留时，动车组司机负责升弓供电对动车组进行保暖防冻，随车机械师负责设备状态的确认和巡视检查。

3. 终到检查

四方平台动车组完成当天运行任务，终到车站后，随车机械师将空调工况设置在制热位（自动位），温度设定为 20 ℃。

## 三、防寒防冻期存放管理

（1）外温小于等于 0 ℃时，对运行停留（含折返、终到停留）、备用、所内检修的动车组，应优先采取温度高于 0 ℃的检修库内停放；不具备检修库内停放条件时，应通过接触网或外接电源供电进行保温存放；当不具备暖库和供电条件时，须进行全列防冻排水，动车组防冻排水后，必须及时断开各电茶炉和温水器电源，恢复各阀门。在高铁中间站过夜停放的动车组，由驻站动车组机械师进行防冻打温。

（2）根据需要与外局存放地管理单位签订动车组防寒保暖协议。在异地存放动车组根据动车组防寒保暖协议，随车机械师退乘前应与存放地管理单位人员办理交接。当外温低于-20 ℃时，在高寒地区运行的非高寒动车组不能折返时须入暖库存放。

（3）加强在深圳、广州、成都等常年温度偏高地区过夜停放动车组的天气情况监控，发现停放点当天最低温度低于 0 ℃时，要及时向停放动车所提报预热申请。

（4）防冻预热要求。

① 建立动车组防冻预热盯控制度，在动车组防寒防冻期内指定调度室专人填记动车组预热盯控记录表。动车组预热盯控记录表不允许补填和提前填写数值。

② 防寒防冻期内，每小时对各检修库及库外温度进行监测。外温低于 0 ℃时，开始进行防冻预热。

③ 防冻预热人员每隔 1 小时对 1 车或 0 车车内车号处进行点温并拍照留存，车内温度低于 5 ℃时进行送电预热防冻。

④ 动车组防冻预热前作业人员应在牵引手柄上插设"禁动"牌。防冻预热时作业人员不能离开作业动车组。

⑤ 动车组防冻预热期间作业人员应每小时对车内设备进行巡检，对各水龙头和卫生间进行一次动作试验；查看监控屏各页面内容，发现供电系统故障、车顶异音、车内异味或者异状等问题时应立即断电降弓并向动车所调度室汇报。

⑥ 当车内温度达到 18 ℃及以上且保持供电 1 小时后可以断电，断电时间不超过两小时（当外温低于-5 ℃时，断电时间不超过 1 小时）。

⑦ 将动车组防冻预热纳入作业计划管理，并考虑接触网停电因素的影响，保证动车组在接触网停电 20 分钟前，满足"车内温度达到 18 ℃及以上且保持供电 1 小时"的断电条件。

⑧ 每日要对动车组防冻作业落实情况进行检查，确保动车组停留期间不发生"冻车"及其他安全问题。

⑨ 重点加强外属动车组防冻预热措施落实情况的检查，在外属动车组出库前 2 小时对动车组再进行一次防冻预热作业，并在动车组上进行主控钥匙、司机室门钥匙交接。

⑩ 在异地存放动车组根据动车组防寒保暖协议及商议情况，段生产调

度指挥中心、动车所积极协调，随车机械师出、退乘前应与存放地管理单位人员办理交接。当外温低于-20 ℃时，在高寒地区运行的非高寒动车组不能折返时须入暖库存放。

⑪落实《高铁车站停放动车组管理办法》规定，驻站车辆调度人员加强与车站值班员联系沟通，做好中间站过夜停留动车组升弓打温工作。接触网停电期间，须关闭动车组全列车门，每隔30分钟对车内温度进行检查。如发现动车组有冻车迹象，驻站车辆调度人员须立即向车站值班员提出动车组升弓打温需求，并向段生产调度指挥中心汇报，段生产调度指挥中心向集团公司动车调度汇报。

（5）防冻排水作业要求。

①外温低于 0 ℃时，在存放点不具备防寒防冻条件、动车组无动力回送、动车组在运行途中发生故障造成动车组长时间无法供电等情况下，须对动车组进行防冻排水。

②动车组长期停放时，须对动车组进行防冻排水。

③将动车组防冻排水作业纳入作业计划管理。

④动车组防冻排水作业时，需进行盯控，严格落实防冻排水作业标准，排水作业完毕后，电茶炉、温水器电源须断开，各开关、塞门须复位，值班干部做好复查确认。

⑤动车组防冻排水作业后，对全列厕所进行锁闭，禁止使用。

⑥除回送动车组外，进行防冻排水作业的动车组一级修作业前须安排上水作业，一级修作业时重点对供、排水管路各开关、塞门状态进行检查，并对各用水设备供水状态进行确认。

（6）CRH2E型动车组不适宜进行防冻排水作业，特殊情况下须排水的，由主机厂售后服务人员全程指导动车组机械师进行排水。

（7）回送要求。

①连挂机车、过渡车或检修连挂外接风源前，应首先对机车、过渡车、外接风源风管路排水。

②冬季有动力回送入厂（段）高级修时，要对除4车（8辆编组动车组）或8车（16辆编组动车组）的其余车厢全部进行防冻排水。

③无动力回送可能导致动车组冻车的，需对动车组全列进行防冻排水。

### 四、质量监督

（1）动车组防冻排水作业后，质检员须对各开关、塞门复位和电茶炉、温水器电源断开情况拍摄影像资料留存。

（2）经过防冻排水的动车组进行上水作业后，质检员须确认动车组水箱中有水，各供、排水管路及水箱不漏水，各电茶炉、盥洗室、卫生间等用水设备功能正常。

（3）动车组出库联检时，质检员须对动车组防冻预热情况进行检查，确认动车组各出风口出热风，车上各用水设备功能正常。

（4）每日要对动车组防冻作业落实情况进行检查。

### 五、培训管理

动车组防寒防冻期前，组织相关人员开展一次防冻预热和防冻排水培训及演练，确保人人过关。

# 第五章　动车组防闪络

## 一、检修要求

冰雪、雾霾等恶劣天气时，结合动车组运行区间的具体天气情况，要加密动车组车顶高压设备擦拭频次，每日均要进行擦拭检查，要对擦拭质量逐趟逐列盯控验收，对清洁状态必须拍照留存。合理安排检修计划，保证次日上线动车组出库前必须完成车顶高压设备的清洁保养工作，严禁车顶高压设备未清洁的动车组上线运行。

1. 车顶高压设备检查和清洁

动车组每次进行车顶高压设备擦拭作业时，作业人员严格按照要求对车顶高压设备进行检查清洁。检查确认绝缘子防污闪涂层状态良好，单个涂层缺损小于 1 cm$^2$，不多于 3 处，表面缺损总面积大于 3 cm$^2$ 或有大面积脱落倾向的，应清除全部涂层，重新喷涂；发现车顶高压区域绝缘漆有大面积或多处脱落、破损现象时，应清除全部涂层，重新涂刷，确保车顶高压设备处于良好状态。根据需要与存放地管理单位签订动车组车顶高压设备擦拭协议。

2. 动车组车顶高压设备作业要求

为达到车顶高压系统绝缘子本体、伞裙上下表面洁净、干燥、无积水、无灰尘、无积垢，露出本体的质量标准，动车所以 8 辆编组为一个作业单元，要求每个车顶清洁小组携带两桶清水上顶（每桶水量不少于一半）。一桶用于初次清洁，为循环使用水桶，用于毛巾的清洗，当水质较脏时必须进行更换；另一桶用于二次清洁，桶内水只在对绝缘子最后一次擦拭时方可使用。蓝色毛巾为受电弓专用，禁止使用蓝色毛巾擦拭绝缘子及高压瓷瓶；红色毛巾为绝缘子、ADD 绝缘管、高压瓷瓶专用，禁止使用红色毛巾擦拭受电弓。绝缘子、ADD 绝缘管、高压瓷瓶进行擦拭干净后，使用紫色的毛巾将绝缘子、高压瓷瓶擦干。经过两次清洁后，各绝缘子和瓷瓶应无污物，无残留水分。

3. 车顶高压设备绝缘检测

四方平台动车组须进行绝缘检测，要求绝缘值＞25 MΩ；长客平台动车组在接触网送电后通过 HMI 屏、WTDS 数据查看感应电压值，确认擦拭质量合格。

4. 材料储备

储备足够受电弓各部件材料，重点是受电弓支撑绝缘子、受电弓弓头及憎水剂等材料配件，材料消耗后及时做好补充。动车所根据检修实际情况及时提料。

## 二、雾霾恶劣天气应对预案的启动

每年 10 月 1 日至次年 3 月 31 日，生产调度指挥中心、各动车所须关注全国雾霾天气预报，并及时发布动车组运行沿线雾霾恶劣天气预警信息；动车所随车机械师做好信息反馈，及时将动车组运行沿线天气情况向支配动车所调度室汇报，支配动车所根据实际情况向段生产调度指挥中心提出启动雾霾恶劣天气应对预案的申请。段生产调度指挥中心决定启动相应动车所雾霾恶劣天气应对预案；每年 10 月 1 日至次年 3 月 31 日，生产调度指挥中心须关注全国雾霾实时情况。可根据实时天气及动车组实际运行情况指挥相应动车所启动雾霾恶劣天气应对预案。

## 三、运用要求

1. 受电弓使用

动车组按照单日升前弓、双日升后弓交替使用受电弓，四方平台动车组备用受电弓当天须远程切除。在动车所、始发站、折返站各型动车组不进行换弓操作，当天运行使用同一受电弓。动车组出现受电弓不能升起、自动降弓、列车无网压等故障，随车机械师按照动车组途中应急故障处理手册相关办法操作。

2. 途中巡视

随车机械师运行途中应对动车组车顶状态进行重点巡视监听；查看监

控屏各页面，确认无故障显示；装有弓网检测装置的动车组，每小时查看一次弓网检测装置监控屏中受电弓状态，遇雾霾天气时，须持续盯控弓网检测装置监控屏中受电弓状态，并及时将运行信息反馈段调度。

3. 站停巡视

动车组始发、终到、折返、换端等作业时，随车机械师须在10分钟内完成对动车组车顶高压设备外观状态的检查，及时将情况向段调度汇报；检查发现车顶设备有高压闪络故障时应及时通知动车组司机断电、降弓，按照应急预案采取相应措施。

4. 闪络故障处置

发生闪络故障时，按照《郑州动车段动车组故障应急处置办法》执行，目视检查现车状态，重点检查CRH380B型动车组主断路器、CRH380A型动车组车间跳线状态，通过目视检查和确认故障代码的方法，确认动车组故障位置，禁止盲目换弓运行。

## 四、段雾霾恶劣天气应对预案

段雾霾恶劣天气应对预案分为：动车所所在地雾霾恶劣天气应对预案、局管内高铁车站停放点雾霾恶劣天气应对预案和动车组途径地雾霾恶劣天气应对预案。

1. 动车所所在地雾霾恶劣天气应对预案

动车所所在地雾霾恶劣天气时，动车所要对全部入库动车组车顶高压设备进行擦拭检查，严禁车顶高压设备未清洁的动车组上线运行；同时要减少动车组升降弓频次，以降低车顶高压设备闪络现象发生概率，控制闪络影响。

（1）动车所须提前做好备用动车组检修，使与运用动车组同型的备用动车组均处于可上线运行状态。

（2）长编或重联动车组终到站后，不需要防冻预热的，远程切除其中一架已升起的受电弓及非工作受电弓，采用单弓调车入库。

（3）终到直接入库或是短时停放（预计停放时间在3小时以内的）的动车组入库前不降弓，做到本务司机与地勤司机、随车机械师与地勤机械师无缝衔接。

（4）长时间停放的动车组（预计停放时间在 3 小时以上的）应及时安排至具备作业条件的股道擦试车顶高压设备。

（5）需进行"停放动车组试验"的动车组，"停放动车组试验"须安排在动车组入所后及时进行，或在动车组出库联检前进行。

（6）动车所要优先安排在雾霾严重区段运行的动车组进行车顶高压设备擦拭。

（7）停放动车组车顶高压设备有放电迹象的，动车所要及时调整作业计划，尽快安排动车组入库或安排至具备作业条件的股道擦试车顶高压设备。

（8）不需升弓送电的动车组需及时降弓，雾霾严重条件下非特殊原因不得升弓。由于特殊原因需要升弓的，须经值班所长批准。

（9）动车组升弓送电时，确认受电弓升起后无放电现象，再闭合主断路器。

（10）如有多条供电臂时，动车所尽量避免安排出库动车组与未作业动车组存放在同一供电臂下。

（11）结合动车组运行区间情况，对于长时间在雾霾严重区段运行的动车组，动车所及时申请中途更换车体担当后续交路，保证动车组运行安全。调度指挥中心要做好调度命令的申请及下达工作。

2. 局管内高铁车站停放点雾霾恶劣天气应对预案

高铁车站所在地雾霾恶劣天气时，段生产调度指挥中心要指挥动车所在动车组终到后及时对车站停放动车组车顶高压设备进行擦拭和检查；存放点所属动车所同时要减少动车组升降弓频次，以降低车顶高压设备闪络现象发生概率，控制闪络影响。段生产调度指挥中心、动车所加强组织，驻站车辆调度人员加强与车站值班员联系沟通，保证人身安全、作业安全，充分利用作业时间，减少对行车和施工作业的影响。

（1）启动高铁车站停放点雾霾恶劣天气应对预案时，段生产调度指挥中心通知动车组支配动车所、车站存放点管理室所属动车所，并安排相关车间组织人员，动车所指派干部担当作业负责人并指定安全质量检查人员。车站存放点管理室所属动车所编制作业计划。

（2）动车组终到存放点前，段生产调度指挥中心通知随车机械师；随车机械师按照《郑州动车段动车组故障应急处置办法》规定的内容通过司机向局调度提出动车组终到后登顶作业的申请；所属动车所将作业计划下达给驻站车辆调度人员，驻站车辆调度人员同时告知车站值班员。

（3）动车组终到、司机退乘后，发现动车组车顶有异常现象须登顶作业时，驻站车辆调度人员向段生产调度指挥中心汇报。段生产调度指挥中心决定启动车站车顶高压设备擦拭的，通知动车组支配动车所、车站存放点管理室所属动车所，并安排相关车间组织人员，动车所指派干部担当作业负责人并指定安全质量检查人员。车站存放点管理室所属动车所编制作业计划。

同时，段生产调度指挥中心应急指挥人员、随车机械师（随车机械师未退乘时）按照《郑州动车段动车组故障应急处置办法》规定的内容向局动车调度提出登顶作业的申请；驻站车辆调度人员告知车站值班员。

（4）作业负责人、驻站车辆调度人员组织动车组机械师提前做好作业准备，确保动车组机械师到位、作业工具材料齐全良好。

（5）动车组车顶高压设备擦拭作业流程。

① 随车机械师收到司机传达的接触网已断电、允许登顶作业的调度命令后要立即汇报段生产调度指挥中心和驻站车辆调度人员。

驻站车辆调度人员接到通知后，与车站值班员进行核对无误，汇报段生产调度指挥中心，并按照车站值班员要求办理相关业务；可以开始作业时，通知作业负责人。

② 动车组机械师操作升起受电弓，通过弓网监控屏或在站台侧确认受电弓升起；司机室确认动车组网压显示为 0；四方平台动车组闭合接地装置实施放电，通过弓网监控屏或在站台侧确认接地装置已闭合。

③ 动车组机械师首先在站台上用验电器进行接触网验电，确认接触网已断电；随后在动车组两端外将接地靴和接地线一端固定在钢轨底部（钢轨有锈迹的需要使用砂纸清除）；再用绝缘杆将接地线另一端挂设在接触网上。

④ 作业负责人清点作业人员、作业工具、材料。

⑤ 动车组机械师佩戴好安全带、安全帽、着绝缘鞋，用登顶梯从车端风挡连接处登顶，辅助人员在车下扶稳登顶梯、做好防护并在作业时传递作业用水桶和毛巾。登顶后，首先将安全带有效固定在车顶牢靠部位，严禁将安全带挂设在接触网上；作业人员须尽量远离接触网，在车顶防滑带上作业，严禁沿车顶行走；作业时须防止损坏车顶设备，禁止扳动高压隔

离开关、EGS 等车顶高压部件。

⑥动车组机械师在擦拭装备受电弓的车顶高压设备时，首先对受电弓滑板上方的接触网线（接触点前后 30 cm）进行擦拭；其次对受电弓滑板进行检查，目视确认滑板表面掉块、裂纹、磨耗等缺陷均在限度范围内，若超限立即反馈驻站车辆调度人员，由驻站车辆调度人员汇报段生产调度指挥中心；第三确认受电弓表面无大量污物或碳粉附着，若有则需对受电弓进行擦拭。

⑦动车组机械师按一级修检修标准擦拭、擦干其余车顶高压绝缘设备。

⑧擦拭完毕后，四方平台动车组须进行绝缘检测，要求绝缘值＞25 MΩ；长客平台动车组在接触网送电后通过 HMI 屏、WTDS 数据查看感应电压值，确认擦拭质量合格。

⑨安全质量检查人员确认车顶高压设备擦拭作业完毕后，作业负责人须检查车顶无遗留物品、无积水、EGS 处于断开位（四方平台动车组）。安全质量检查人员对车顶各高压设备状态、EGS 状态进行拍照留存。

⑩作业负责人清点作业人员、作业工具、材料。

⑪动车组机械师顺序撤除接两端接地杆、接地线后，作业负责人确认车下无遗留物品，通知驻站车辆调度人员作业完毕。

⑫驻站车辆调度人员接到动车组机械师作业完毕的通知后，立即向段生产调度指挥中心汇报并通知车站值班员，段生产调度指挥中心向局动车调度汇报。

⑬驻站车辆调度人员接到车站值班员接触网已送电的通知后，通知动车组机械师可以升弓送电。

（6）高铁车站停放动车组需登顶作业时，由作业负责人填写《动车所外动车组登顶作业卡控记录表》并逐项卡控落实，《动车所外动车组登顶作业卡控记录表》由动车所保存 3 个月。

（7）若存放点所在车站气温可能低于 0 ℃ 且有严重雾霾天气时，动车组终到后，由驻站车辆调度人员及时与司机交接主控钥匙，确保接触网停电开始前 20 分钟内动车组不降弓、不换弓。

3. 动车组途径地雾霾恶劣天气应对预案

动车组途径地雾霾恶劣天气时，要减少动车组在该区段的运行时间；

入库后动车所要对途经的全部动车组车顶高压设备进行擦拭检查，严禁车顶高压设备未清洁的动车组上线运行；同时要减少动车组升降弓频次，以降低车顶高压设备闪络现象发生概率，控制闪络影响。

（1）结合动车组运行区间情况，对于长时间在雾霾恶劣天气区段运行的动车组，段生产调度指挥中心要指导动车所制订临时换车方案并及时申请中途更换车体担当后续交路，保证动车组运行安全。段生产调度指挥中心要做好调度命令的申请及下达工作。

（2）动车所须提前做好备用动车组检修，确保与运用动车组同型的备用动车组处于可上线运行状态。

（3）长编或重联动车组终到站后，远程切除其中一架已升起的受电弓及非工作受电弓，采用单弓调车入库。

（4）动车所安排动车组直接入库、入具备作业条件的股道擦试车顶高压设备。有困难时，动车组暂时停放不超过2小时，停放期间不降弓，做到本务司机与地勤司机、随车机械师与地勤机械师无缝衔接。

（5）需进行"停放动车组试验"的动车组，"停放动车组试验"须安排在动车组入所后及时进行，或在动车组出库联检前进行。

（6）停放动车组有车顶高压设备放电迹象的，动车所要及时修改作业计划，尽快安排动车组入库或安排至具备作业条件的股道擦试车顶高压设备。

（7）在外局动车所停放的动车组，动车组终到前，由段生产调度指挥中心协调存放点管理单位安排擦拭车顶高压设备；或提供车顶高压设备擦拭作业条件，指挥动车所安排人员擦拭。

（8）在局管内车站停放点停放的动车组，由段生产调度指挥中心指挥，比照《局管内高铁车站停放点雾霾恶劣天气应对预案》执行；在外局车站停放点停放的动车组，由段生产调度指挥中心协调存放点管理单位提供车顶高压设备擦拭作业条件，指挥动车所安排人员比照《局管内高铁车站停放点雾霾恶劣天气应对预案》执行。

## 五、质量监督

冰雪、雾霾天气时，值班所长要对车顶高压设备擦拭质量进行逐列检查验收；质检员要对车顶高压设备擦拭进行过程盯控，并按照一级修作业指导书的要求留存影像资料。

## 六、培训管理

（1）职教科及调度指挥中心于每年 10 月底前组织对所有随车机械师按照受电弓故障应急处理办法进行理论培训、实作演练及考试，考试不达标的必须重新培训、补考，做到人人过关。

（2）职教科负责对动车所、质检车间及其他车顶高压设备擦拭人员进行车顶高压设备擦拭作业及绝缘测量培训，做到人人动手，人人过关。

# 第六章 动车组防冰、防雪

## 一、冰雪天气检修要求

（1）动车所须提前着手，充分预想，统筹兼顾，优化人员设置，建立快速优质高效的融冰除雪队伍，合理编制动车组入库融冰除雪计划，提前做好备用动车组检修，确保与运用动车组同型的备用动车组处于可上线运行状态。

（2）进行一、二级检修的动车组作业前必须将必检部位冰雪清除干净；不进行一级修的动车组，动车所须将车顶及车下的冰雪清除干净。

（3）动车所须提前组织职工认真学习四方平台动车组、CRH380B型动车组转向架融冰除雪要求。同时注意各种融冰除雪措施只有在不损伤动车组的前提下方可采用，不得用热风直吹橡胶件，不得用水冲洗密封件、不干腻子、防滑排风阀、高度调整阀、撒砂管等部位。

（4）融冰除雪后及检修作业时，动车所严格执行动车组一、二级检修作业标准，重点做好动车组走行部、齿轮箱油、基础制动装置、空气制动管路、空气弹簧、车门、车顶高压设备、车外橡胶件、防冻伴热装置、各部不干腻子等部件状态检查、试验。发现冰雪覆盖或水分驻留在撒砂管、防滑排风阀、高度调整阀时要及时清除、擦拭干净，确保动车组检修及出库质量。动车组车顶高压设备上的冰雪清除后，必须擦拭车顶高压设备后方可出库。

（5）动车组出库前，动车所须安排专人检查动车组融冰除雪作业情况，确保动车组出库时处于干燥状态，严禁动车组走行部带冰雪出库。

（6）动车组异地过夜停放，遇降雪、冻雨天气时，随车机械师向存放点管理单位申请，段生产调度指挥中心和动车所积极协调存放点管理单位，安排动车组入库进行融冰除雪。

（7）严控检修质量。动车所一是切实加强动车组走行部、车底悬吊件和各裙板、底板、盖板状态的检查，落实"防燃切""防脱落"安全风险控制措施，杜绝动车组配件脱落事故发生；二是加强动车组制动系统检修维护，认真做好动车组制动系统库内各项检查及维修工作，严格落实动车组一、二级检修和停放动车组试验中的制动试验要求。

（8）动车组出库前，司机反复施加缓解空气制动3次，起车后在速度分别达到5 km/h、10 km/h、15 km/h时，施加空气制动各1次，确认制动状态良好。

## 二、检修要点

1. 走行部检查

（1）轮对外观检查。

检查动车组所有轮对配件齐全，作用良好。一是检查踏面是否有剥离、擦伤、硌伤、磕碰伤及裂纹等现象，并确认剥离、擦伤、裂纹是否超限；二是检查车轴防护漆是否有剥落、脱落等现象，检查车轴、车轮是否有异物击打情况；检查车轴表面是否有擦伤、异物击打等局部伤痕超限现象；三是检查轴箱各部安装螺栓（轴箱前盖固定螺栓、轴箱后盖固定螺栓、垂向减振器固定螺栓、轴箱体下部螺栓、各速度传感器安装螺栓、轴端接地装置安装螺栓、排油堵螺栓、转向架扫石器安装螺栓、各预留口封堵螺栓、各预留口盖板固定螺栓等）是否有松动（螺栓是否与连接件密贴，安装平垫的要求平垫被压紧，安装防松垫圈的要求防松垫圈被压平）、裂纹、缺损、变形、异物击打等异常现象；防松标记清晰无错位，防松铁丝无断裂，检查止转垫片状态良好，无松动、无变形等异常现象；四是检查各温度贴片是否有显示异常、脱落、失效等现象。五是检查轴温传感器安装是否牢固、是否有破损等异常现象。六是检查撒砂嘴、防滑阀、高调阀等部件是否有冰雪覆盖现象，发现后应及时清除。

（2）齿轮箱检查。

检查动车组齿轮箱配件齐全，作用良好。一是检查齿轮箱表面是否存在裂纹、异常突起等异常现象；检查铁丝防松是否紧固到位，紧固螺栓防松标记是否错位；检查各工艺孔塑料堵是否有损伤、松动等异常现象（福伊特）；检查齿轮箱悬吊部件配件是否齐全，检查加油堵、排油堵等安装是否有松动、破损等异常现象；检查齿轮箱温度贴片显示温度是否在正常范围之内；检查齿轮箱接地线端子，无断裂、裂纹。二是检查油位观察窗处是否有裂纹、破损等异常现象；检查油位观察窗固定螺栓是否有松动、变形等异常现象；检查油位观察窗防松铁丝是否紧固到位，防松标记是否错位；检查齿轮箱润滑油位是否在正常范围内；检查齿轮箱润滑油是否有分层、变色、乳化等异常现象。三是检查齿轮箱熔断式温度继电器、实时温度传感器安装牢固无破损，温度传感器及引线无损伤。四是检查齿轮箱通气装置通气孔帽是否有丢失现象，是否有晃动、裂纹、破损、异物击打、异常积灰造成通气装置失效等异常现象；检查通气装置紧固螺栓是否有松动、缺损等异常现象。

（3）转向架其他部位的检查。

检查转向架其他部位配件齐全，作用良好。一是对转向架构架及附件、一系悬挂装置、空气弹簧及高度调整装置、牵引装置、抗侧滚扭杆、二系悬挂装置、减振器、基础制动装置等部件的外观状态和紧固状态进行全面检查，确认各部状态是否有裂纹、缺损、老化、脱出等异常现象；二是重点检查制动盘、制动闸片、研磨子是否存在有异常磨耗、掉块、裂纹、划伤等现象；检查制动盘等部位是否有残留物；检查制动夹钳、防滑阀、转向架、裙底板、排障器、自动过分相天线等部件，是否有击打损伤、裂纹、缺损等现象；三是检查制动缸、停放制动、踏面清扫装置的相关风管路是否有漏风现象；检查停放制动缓解手柄、防护装置等状态正常，并对停放制动功能进行试验，确保功能良好；四是检查各管路是否有接头松动、紧固件松动现象。五是检查联轴节外观及安装状态是否良好，检查螺栓、螺丝是否松动，检查是否有漏油现象。六是检查牵引电机外观状态是否良好，各部是否存在裂纹，检查牵引电机电源线、接地线、温度传感器、速度传感器及配线是否有破损，安装是否紧固；牵引电机温度试纸粘贴是否牢固，表面是否干净，显示是否清晰。七是检查防滑阀安装是否牢固，配管配线是否有松动、破损、漏风等异常现象。

2. 车顶高压设备检查

检查车顶高压设备配件齐全，作用良好。一是检查动车组受电弓、高压母线、车端跨接线、天线、绝缘子、高压隔离开关、高压接地开关、导流罩、车顶板等车顶高压设备的状态，确认是否有老化、裂纹、变形、松动、撞击缺陷、划伤、高压放电爬电、绝缘憎水涂层脱落损伤等异常现象；检查各空气管路及气囊、碳滑板有无老化、松动、漏泄、裂纹、异常磨耗等异常现象；二是检查受电弓弓头是否变形，各配件是否齐全；三是检查自动降弓阀状态是否正常，是否存在漏风现象。四是检查软连线是否有破损、脱落等异常现象；五是组织对四方平台动车组绝缘进行测试，检查绝缘是否正常。六是检查升降弓时间、压力符合要求。

3. 车体及车端连接检查

检查车体是否有划伤、撞击凹陷，司机室、客室、侧门、车长室、监控室等处外部玻璃是否有裂纹破损等异常现象；检查侧门排水孔，发现脏堵时立即清理；检查刮雨器外观状态是否良好，试验功能是否正常；检查车端连接部位是否有车端线缆接头松动、下坠、磨碰、损伤等异常现象；检查内外风挡、耐雪风挡是否有老化、裂纹、安装松动、固定失效、异物击打现象。

4. 供风制动系统检查

检查动车组全列空气管路、制动零部件是否有老化、裂纹、漏风、松动等异常现象；进行全部制动试验，确认保压试验、全部制动试验能够顺利通过。

5. 车下设备舱、车端开闭机构的密封状态检查

检查车下设备舱、车端开闭机构的密封状态，确保密封结构性能正常；各部不干腻子等部件状态正常；检查自动过分相装置是否有裂纹、变形、折断、丢失、异物击打等异常现象。

6. 车门及车内设施检查

动车所要对动车组车门开关状态进行试验，确认车门开关无异常；对各配电柜、餐吧设施、客室、司机室进行检查，确认无异床；检查各配电柜空开状态是否良好，位置是否正确等；检查启动马达温度贴片是否有显示数值异常等现象。

7. 动车组滑板检修限度调整

出现冰雪、冻雨天气时，须将相应交路运行动车组滑板检修限度调整为 10 mm。

## 三、融冰除雪要求

（1）进行一、二级检修的动车组作业前必须将必检部位冰雪清除干净；不进行一级修的动车组，动车所须将车顶及车下的冰雪清除干净。

（2）入库检修动车组转向架有积雪、结冰时，动车所首先应组织人工清除大面积积雪、结冰，然后使用暖库对剩余冰雪进行自然融化，必要时可采用热风、热水对局部冰雪进行融化、吹干。各种融冰除雪措施只有在不损伤动车组的前提下方可采用。

（3）动车组冰雪清除后，要将撒砂嘴、防滑阀、高调阀等部件擦干，防止撒砂嘴和排风口冻结。

（4）材料科应及时采购动车组打冰设备，动车所要掌握安装方法，冬季接触网结冰时，调度根据上级要求安排安装打冰设备的动车组出库打冰。

（5）技术科根据需要与存放地管理单位签订动车组除冰除雪协议。

## 四、库外停放要求

动车组库外存放采用升弓供电预热时，防冻预热人员每小时需对车顶设备进行观察，发现积雪达到受电弓底座或者放电、打火时应及时采取断电降弓，立即组织入库清理车顶积雪，在动车组升弓供电前需确认积雪厚度，如厚度超过受电弓支撑座，应采用无火方式入库；采用防冻排水方式停放时，动车所需安排人员对车顶积雪情况进行观察，发现积雪达到受电弓支撑底座时应立即向动车所调度报告，在动车组供电前需安排对车顶积雪进行清理。

## 五、运用要求

1. 出乘要求

各动车所根据动车组次日担当交路，提前查看动车组途经地区天气情况，并在随车机械师出乘时进行提示，布置运行途中作业注意事项。

2. 出库要求

雪天库外存放动车组移动前，动车所须安排人员首先启动列车空调，待室内温度升高、门板与车体之间的结冰融化后，方可开关客室侧门。

3. 出库确认

动车组出库前，动车所须安排专人检查动车组融冰除雪作业情况，确保动车组出库时处于干燥状态。

4. 途中巡视

（1）随车机械师应密切关注天气变化和线路积雪情况，途中应加强巡视作业，对动车组车顶、走行部运行安全状态进行重点巡视监听，并询问客运人员是否有异常现象。配备有弓网检测装置的动车组，每小时查看一次弓网检测装置监控屏中受电弓状态，遇冰雪天气时，须持续盯控弓网检测装置监控屏中受电弓状态。发现车底异响、受电弓受流异常等情况时严格按照《郑州动车段动车组故障应急处置办法》的内容进行处置。

（2）随车机械师应将动车组途中积雪及运行情况及时向段生产调度指挥中心进行汇报，段生产调度指挥中心提前组织动车所做好检修计划调整及除冰除雪工作，必要时启动大面积晚点预案。

（3）随车机械师在始发、折返站发现动车组转向架结冰、受电弓无法升起、动车组被击打等异常情况需要处理时，应根据《郑州动车段动车组故障应急处置办法》的内容及时通知动车组司机，段生产调度指挥中心根据随车机械师反映情况和车辆运用情况提出更换车底申请或指导随车机械师提出限速申请，并组织动车所对动车组进行除雪融冰。

5. 防滑应对措施

（1）动车组运行途中，随车机械师每小时对监控屏滑行页面进行查看，做好滑行次数的记录，发现整辆车滑行时，随车机械师要通知司机做好控速及制动操作，遇异常情况时及时将信息上报段生产调度指挥中心，确保动车组运行安全。

（2）动车组运行途中出现整辆车滑行现象时，在与机务司机换乘交接作业时，随车机械师应通知接班司机该动车组途中出现过滑行现象，并提醒司机做好动车组运行中制动及控速的操作。

（3）对于途中出现整辆车滑行的动车组，入库后动车所要及时组织对该动车组的 BCU 数据进行下载分析，并由值班所长盯控该动车组的全过程制动试验，在进行一级修及联检作业时要做好对动车组的全面检查，对发现制动不良的动车组进行换车处置。

（4）动车组每次入库，动车所要及时对动车组各轴滑行次数进行统计分析，及时发现速度传感器或制动系统故障并及时处理，禁止动车组带故障出库。

6. 站停巡视

动车组始发、终到、折返、换端作业时，随车机械师须尽快对动车组车顶高压设备外观状态、车顶积雪和车下、车端结冰积雪情况进行检查，及时将情况向段调度汇报；检查发现车顶设备有异常时（如碳滑板有异常磨耗等）应及时通知动车组司机断电、降弓，依据应急预案采取相应措施；检查发现车下有结冰积雪现象时须下车检查；检查发现制动夹钳有轻微结冰现象时，要通知司机迅速操作制动手柄进行缓解-快速制动3次，起车后在速度5 km/h、10 km/h、15 km/h时分别操作空气制动各1次；检查发现车下、车端大量覆盖冰雪时，将车辆结冰情况、限速运行或更换车底建议及时报告当地动调和段调度。

7. TEDS检查

（1）TEDS集中监控中心分析组长要及时掌握相邻监控中心预报动车组结冰情况，在动车组通过管内探测站时提醒分析员重点检查冰雪变化情况。

（2）TEDS分析员要认真执行《动车组运行故障动态图像检测系统（TEDS）运用管理细则》规定，重点检查通过动车组车底冰雪情况。对于可以采取限速运行或取消限速处置方式的情况，经确认后TEDS作业组长须立即将故障信息、列车车次、处置方式等预报事项使用录音电话通知局动车调度，并通过系统填报"TEDS预报故障通知/处置单"。

（3）TEDS集中监控中心发现探测站设备被冰雪覆盖影响分析时，要立即向段生产调度指挥中心汇报，并填写设备停用报告，段生产调度指挥中心立即报局动车调度，并通知设备车间及时申请利用天窗时间上道处理。

8. 冰雪天气限速要求

当运行区段降中雪或积雪覆盖轨枕板或道砟面时，无砟轨道区段限速250 km/h及以下，有砟轨道区段限速200 km/h及以下；当运行区段降大雪、暴雪时，无砟轨道区段限速200 km/h及以下，有砟轨道区段限速160 km/h及以下。中雪、大雪、暴雪的界定，以气象部门公布或观测为准。

当无砟轨道区段轨枕板积雪厚度 100 mm 以上时，限速 200 km/h 及以下；有砟轨道区段道砟面积雪厚度 50 mm 以上时，限速 160 km/h 及以下。

接触网导线结冰受电弓取流不畅时，限速 160 km/h 及以下；当接触网出现大面积覆冰时，动车组列车在结冰区段列车运行时速（80±10）km；当接触网覆冰范围较小时（10 km 之内），原则上可首先采用降弓惰行，根据具体覆冰范围、线路条件、动车组初速度等，申请动车组降弓运行（动车组限速 160 km/h）。

动车组转向架结冰需要列车限速时，无砟轨道区段限速 250 km/h 及以下，有砟轨道区段限速 200 km/h 及以下。

动车组转向架结冰需要列车限速时，京广高铁正线有砟轨道区段（黄河公铁两用桥、郑州东站）限速 120 km/h 及以下；积雪覆盖轨枕板或道砟面时，京广高铁正线有砟轨道区段（黄河公铁两用桥、郑州东站）限速 120 km/h 及以下。

城际列车动车组转向架结冰需要列车限速或积雪覆盖道砟面时，正线线路限速 120 km/h 及以下。

## 六、质量监督

值班所长要对动车组融冰除雪质量进行逐列检查验收；质检员要对动车组融冰除雪进行过程盯控。

## 七、培训管理

动车组防寒防冻期前，职教科及动车所应组织相关人员进行融冰除雪的培训和演练，做到人人过关。

## 八、除冰碳滑板运用要求

为应对冰雪灾害天气下接触网结冰现象，我段需按照铁路局要求出动专用动车组进行接触网除冰作业。

除冰动车组的出动按照上级调度命令执行。段调度生产指挥中心接到局调度所关于动车组上线除冰的调度命令后，核对除冰动车组使用的车组号、使用时间、除冰运行区段、运行交路的信息，并在第一时间通知主管运用副段长及动车组配属动车所。如调度命令未明确车号时，由配属动车所根据检修实际确定安装弓网检测设备的 CRH380B 型动车组担当除冰任务，并将动车组信息报段调度指挥中心。

除冰动车组需要在 3 小时内达到出库上线除冰条件。

动车所接到启动除冰动车组通知后，立即根据调度命令中明确的动车组除冰任务运行方向，组织将除冰动车组的"后车"（1 车主控运行的安装在 7 车上，0 车主控运行的安装在 2 车上）原车碳滑板更换为除冰滑板。

1. 除冰滑板的安装要求

（1）除冰滑板安装按照正常碳滑板的安装作业指导书执行。除冰滑板安装后，滑板铜条部位朝向动车组中部方向。

（2）除冰滑板安装时要由值班所长和质检员全程进行盯控，并由质检员对全过程进行影像留存。除冰滑板安装后要对 ADD 风管接头进行气密性测试，对受电弓进行升降弓试验、接触压力测试，确保除冰滑板安装状态良好。

（3）在原车碳滑板底部做好标记，标明车组号、车辆号、日期，交材料科保存，待接触网除冰作业结束后动车组入库检修时，需将原车碳滑板按照标记恢复原位置。

2. 除冰滑板运用管理

（1）配属动车所负责将除冰滑板安装车组号、车辆号及接触网除冰任务运行方向、限速要求等信息向出乘随车机械师进行传达，随车机械师在出库、始发、折返、司机换乘时与司机进行交接，告知司机除冰滑板安装信息。

（2）除冰动车组在进行除冰作业时，升起安装有除冰滑板的运行方向"后车"受电弓运行；不进行除冰作业时，安装有正常碳滑板的动车组，原则上不升安装除冰滑板的受电弓。

（3）接触网除冰作业开始前，随车机械师要与司机共同确认升起的受电弓正确。

（4）动车组在进行除冰作业时运行速度不得高于 120 km/h（运行初期）。动车所应安排技术人员和售后人员添乘除冰动车组。运行途中随车机械师、添乘人员要利用受电弓监测装置不间断盯控除冰滑板及接触网状态；添乘人员、随车机械师要不间断巡视动车组，发现异常时要及时向局动车调度和段调度指挥中心汇报。

（5）除冰作业中，发生动车组除冰滑板受电弓自动降落的，按照《郑州动车段动车组故障应急处置办法》规定执行，随车机械师向局动车调度汇报时，同时申请取消接触网除冰任务，返回动车所检修；动车组换升受电弓时，随车机械师和添乘人员须在车下重点盯控受电弓受流状态。

3. 担当接触网除冰任务后的动车组检修

（1）担当接触网除冰任务的动车组入库后，动车所须当日安排动车组检修。

（2）动车组检修时，无电作业重点对受电弓弓头、弓体、上下导杆、升弓气囊、各受电弓附件、车顶各绝缘子、避雷器、高压隔离开关、主断路器、高压接地开关、高压互感器、电流互感器、高压母线、车端跳线、各编导线等车顶设备、车顶供风管路、各车顶天线、弓网检测设备、变压器油位观察窗、各车顶板、导流罩、外风挡状态和安装状态进行检查，对受电弓供风管路全面进行气密性测试，对受电弓进行升降弓试验、接触压力测试；有电作业时重点进行高压设备功能性试验。发现有配件变形、破损、裂纹、泄漏、功能异常等现象的，要拍照留存、及时组织处理，同时报技术科、安全科。

（3）动车组检修时，必须将使用过的除冰滑板拆除，根据任务需要更换受电弓滑板。拆除的除冰滑板交材料科作为废料妥存。

4. 除冰滑板的备件管理

（1）材料科负责除冰滑板的采购和储备，每年冬季前，材料科须储备充足的除冰滑板；除冰滑板必须在材料库单独进行存放，避免混放错发。

（2）每次需要领用除冰滑板时，需由动车所值班所长签字确认，领料时要轻拿轻放，防止滑板损伤。

为应对冬季冰雪灾害天气，确保职工人身安全、作业安全、设备安全，及时消除灾害天气影响,各车间、科室须提前制订冰雪天气下人员准备预案。

## 九、做好冰雪灾害天气下的人员准备工作

（1）各车间、科室和党总支、支部要及时做好职工思想动员工作，干部带头，发动职工积极应对冰雪灾害天气，积极帮助职工解决后顾之忧，

使职工能够全身心投入到灾害天气应对工作中。

（2）各车间、科室要引导职工，在冰雪天气下要充分利用休息时间，班前充分休息，上班提前出发，避免途中延时或发生交通事故。

（3）各车间在冰雪灾害天气时，针对职工长时间工作的具体情况，要及时调整生产组织，制订作业间隙轮流休息制度，保证当班职工精力充沛。

（4）段办公室、郑州动车所、设备车间要提前储备食品，不间断开放食堂、浴池，适时提供随车机械师休息室、公寓、单身宿舍空闲床位，保证职工食、宿、浴基本需求。

（5）段办公室要统筹安排全段机动车资源，在冰雪灾害天气下开行东站职工通勤车，及时接送上、下班职工。各车间、科室要做好干部职工交接管理工作，保证接班人员到岗后，交班人员再下班。

# 第七章 CRH2A统型动车组防冻排水办法

## 一、主要设备

主要设备分布见表7.1。

表7.1 主要设备分布

| 主要设备 | 车种 | | | | | | | |
|---|---|---|---|---|---|---|---|---|
| | T1 | M1 | M2 | T2 | T3 | M3 | M4 | T4 |
| 水箱/L | 500 | 车上500 | 500 | 500 | 700 | 车上500 | 500 | 500 |
| 便器 | 1座 | 1座1蹲 | 1座1蹲 | 1座1蹲 | / | 1座1蹲 | 1座1蹲 | 1座 |
| 污物箱/L | 450 | 450 | 450 | 450 | / | 450 | 450 | 450 |
| 电开水炉/个 | 1 | 1 | 1 | 1 | 1 | 1 | 1 | 1 |
| 温水器/个 | 1 | / | / | 1 | 1 | / | / | 1 |
| 皂液器/个 | 1 | / | / | 1 | 1 | / | / | 1 |
| 水封/个 | 2 | 2 | 2 | 2 | 1 | 2 | 2 | 2 |
| 辅助空压机/个 | / | / | / | 1 | / | 1 | / | / |
| 制动控制装置/个 | 1 | 1 | 1 | 1 | 1 | 1 | 1 | 1 |
| 刮雨器水箱/个 | 1 | / | / | / | / | / | / | 1 |

## 二、操作流程

自动排水→刮雨器水箱排水 → 电开水炉排水→温水器排水→水箱排水→水封排水→污物箱排水→其他排水→恢复

注：使用防冻刮雨器液时，可以不对刮雨器水箱进行排水。

## 三、操作步骤

1. 自动排水

（1）条件：将车辆给水设施整备为正常工作状态，车辆通高压电。

（2）排水范围：设有卫生间车供水主管路、水泵、水增压器及附属管路、便器、排污管路及中转箱；开水炉及餐车水泵及供水管路。

（3）自动排水方式：分为集控防冻排空和单车防冻排空两种，只需选择一种进行操作即可。

（4）集控防冻排空功能：动车组低压供电（DC100V），温水污物配电盘的【集便器控制】（餐车为【给水控制】）和【水泵电源】NFB 设为 ON，且总风压力不低于 600kPa 的条件下，右旋打开司机室的【停放】开关或逐车打开 DTC 的【防冻排空】按钮（餐车为【防冻排水】按钮），启动防冻排空功能，如图 7.1~图 7.4 所示。

图 7.1　温水污物配电盘

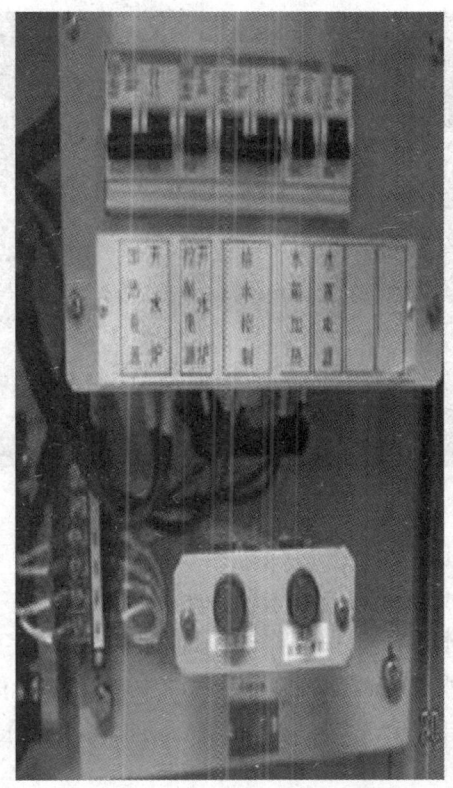

图 7.2　餐车温水污物配电盘

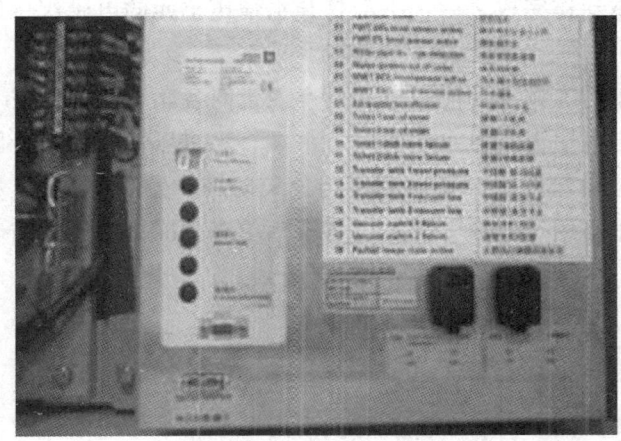

图 7.3　DTC

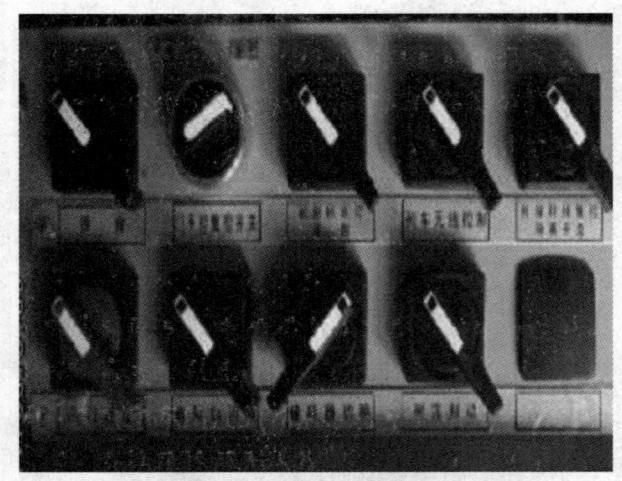

图 7.4 【停放】开关

防冻排空动作过程如下：
① 给水系统进水电磁阀失电关闭，水泵停止运转。
② 给水系统排水电磁阀失电打开，排尽供水管路存水。
③ 给水系统供水管路排水 15 分钟后，中转箱自动清空 1 次→便器自动冲洗 3 次→中转箱自动清空 3 次，以排尽便器、水增压单元及附属管路、中转箱的存水。
④ 给水卫生系统停止工作，便器禁用。

防冻排空动作完成之后，手动打开水增压单元的电磁阀，确认存水已排尽。

（5）单车防冻排空功能：按动设有卫生间各车【防冻排空】开关，对应本车按设定程序清空供水主管路、水泵、水增压器及附属管路、便器、排污管路及中转箱存水，排空程序与集控防冻排空相同。排水完毕后，将集控防冻排空用【停放】开关或各车辆单车防冻排空用【防冻排空】开关恢复。

2. 车上设备排水

（1）刮雨器水箱排水：采用软管自注液口利用虹吸的方法对刮雨器水箱进行排水，如图 7.5 所示。为防止刮雨器水箱水泵进水过滤器冻损，需将水泵进水过滤器拆下，存水排空后恢复。同时，为防止刮雨器喷水管路有存水,需在通电状态下,进行刮雨器排水动作,直至雨刷无水喷出为止(使用防冻刮雨器液时,可以不对刮雨器水箱进行排水)。

图 7.5 刮雨器水箱

(2)电开水炉排水:打开电开水炉检查门,将电开水炉产水箱、储水箱、净水器排水塞门全部打开(旋塞与管路平行为开)进行排水,待水排尽后关闭各排水阀,如图 7.6~图 7.8 所示。

(a)

（b）

图 7.6 电开水炉储水箱、产水箱排水阀

图 7.7 餐车电开水炉排水阀

图 7.8 餐车电开水炉过滤器排水阀

（3）温水箱排水：打开温水箱排水阀（见图7.9、图7.10），卸下热水出水口螺堵和进水口螺堵，手动拔于膨胀水安全阀，待水排尽后恢复螺堵，关闭排水阀。其中因E28温水器下无接水盘及地漏，故在温水器排水期间需用干抹布放在两螺堵排水口下端，防止排水漏在地板上，同时在排完水后需将地板上的水迹擦干。

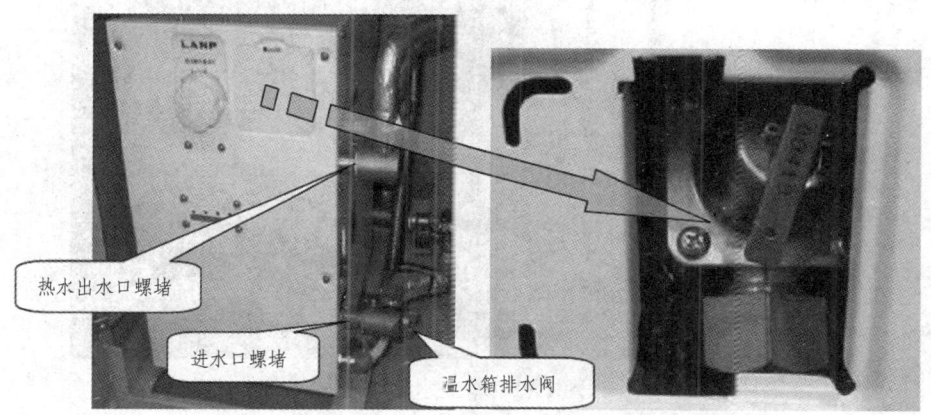

图7.9　温水箱供水管　　　　图7.10　温水箱膨胀水安全阀

（4）水龙头、皂液器排水：反复按压水龙头和皂液器，直到排尽存水为止，如图7.11所示。

图7.11　水龙头、皂液器

（5）车上水箱排水：打开车上水箱的检查门，打开车上水箱和水泵的排水阀（塞门与管路平行为开），进行车上水箱和水泵排水，阀门位置如图 7.12 所示。

图 7.12　车上水箱排水

（6）车上其他排水：旋转操作黑色手柄将洗水池内存水通过排水阀进行排空，同时将洗水池下端两红色阀打开进行排水，如图 7.13、图 7.14 所示。

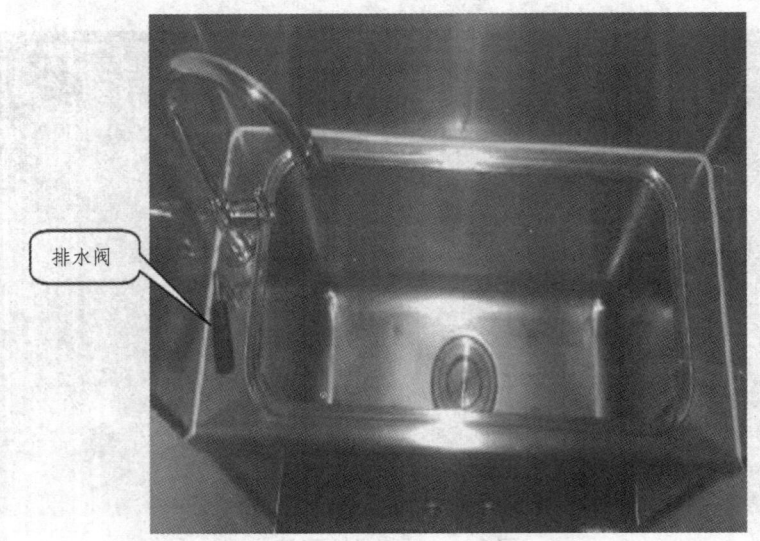

图 7.13　车上洗手池排水

图 7.14　车上洗手池下端红色排水阀

3. 车下设备排水（无电状态下）

（1）车下水箱排水：打开车下水箱外侧的排水阀和水泵排水阀，进行车下水箱及水泵排水，如图 7.15 所示。

图 7.15　车下水箱排水阀

（2）污物箱排水：打开污物箱的排污阀排尽污物箱存水，必要时可采用吸污车进行排空，如图 7.16 所示。

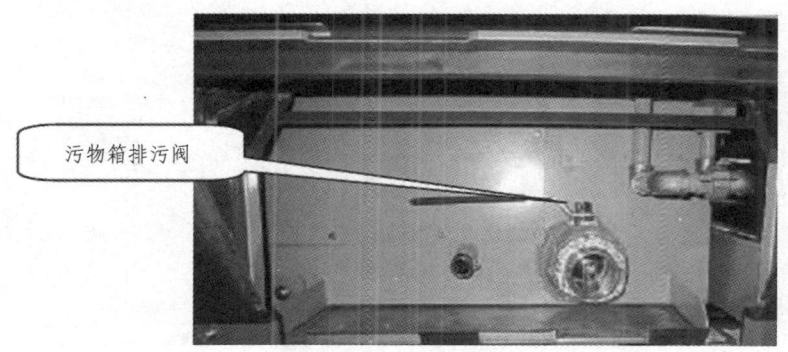

图 7.16　污物箱排污阀

（3）水封排水：卸下水封的排水螺堵，排尽水后恢复螺堵，如图 7.17 所示。

图 7.17　水封排水螺堵

# 第八章 CRH380A 统型动车组防冻排水办法

## 一、主要设备

CRH380A 统型动车组主要设备见表 8.1。

表 8.1 主要设备

| 主要设备 | 车种 | | | | | | |
|---|---|---|---|---|---|---|---|
| | T1 | M1 | M2 | M3 | M4 | M5 | M6 | T2 |
| 水箱/L | 700 | 车上400 | 700 | 车上400 | 700 | 车上400 | 700 | 700 |
| 便器 | 1座 | 1座1蹲 | 1座1蹲 | 1座1蹲 | / | 1座1蹲 | 1座1蹲 | 1座 |
| 污物箱/L | 450 | 450 | 450 | 450 | / | 450 | 450 | 450 |
| 电开水炉/个 | 1 | 1 | 1 | 1 | 1 | 1 | 1 | 1 |
| 温水器/个 | / | / | / | / | / | / | / | / |
| 皂液器/个 | 1 | / | 1 | 1 | / | 1 | 1 | 1 |
| 水封/个 | 2 | 2 | 2 | 2 | 1 | 1 | 1 | 1 |
| 辅助空压机/个 | / | / | / | 1 | / | 1 | / | / |
| 制动控制装置/个 | 1 | 1 | 1 | 1 | 1 | 1 | 1 | 1 |
| 刮雨器水箱/个 | 1个（车下） | / | / | / | / | / | / | 1个（车下） |

## 二、操作流程

自动排水→刮雨器水箱排水→电开水炉排水→温水器排水→水箱排水→水封排水→污物箱排水→其他排水→恢复

注：使用防冻刮雨器液时，可以不对刮雨器水箱进行排水。

### 三、操作步骤

1. 自动排水

（1）条件：将车辆给水设施整备为正常工作状态，车辆通高压电。

（2）排水范围：设有卫生间车供水主管路、水泵、水增压器及附属管路、便器、排污管路及中转箱；开水炉及餐车水泵及供水管路。

（3）自动排水方式：分为集控防冻排空和单车防冻排空两种，只需选择一种进行操作即可。

（4）集控防冻排空功能：动车组低压供电（DC100V），温水污物配电盘的【集便器控制】（餐车为【给水控制】）和【水泵电源】NFB 设为 ON，且总风压力不低于 600 kPa 的条件下，右旋打开司机室的【停放】开关或逐车打开 DTC 的【防冻排空】按钮（餐车为【防冻排水】按钮），启动防冻排空功能，如图 8.1~图 8.4 所示。

图 8.1　温水污物配电盘

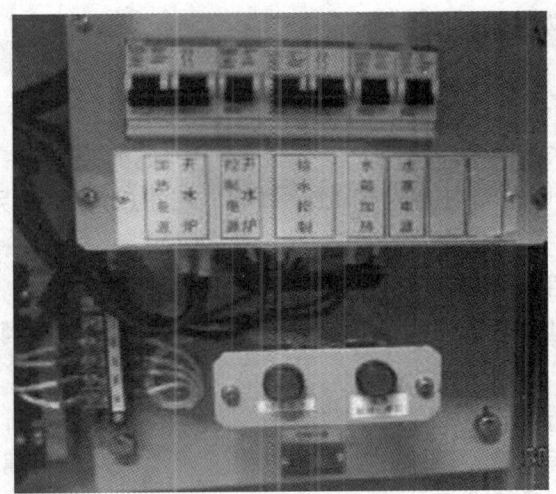

图 8.2 餐车温水污物配电盘

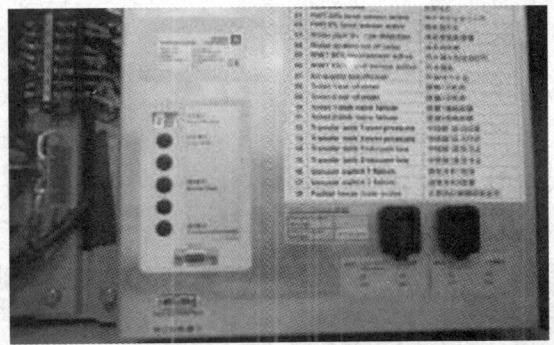

图 8.3 DTC

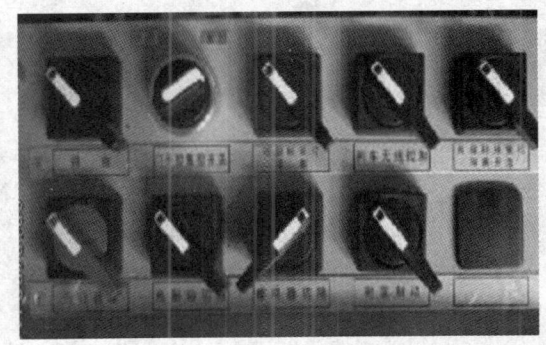

图 8.4 【停放】开关

防冻排空动作过程如下：

① 给水系统进水电磁阀失电关闭，水泵停止运转；

② 给水系统排水电磁阀失电打开，排尽供水管路存水；

③ 给水系统供水管路排水 15 分钟后，中转箱自动清空 1 次→便器自动冲洗 3 次 →中转箱自动清空 3 次，以排尽便器、水增压单元及附属管路、中转箱的存水；

④ 给水卫生系统停止工作，便器禁用。

防冻排空动作完成之后，手动打开水增压单元的电磁阀，确认存水已排尽。

（5）单车防冻排空功能：按动设有卫生间各车【防冻排空】开关，对应本车按设定程序清空供水主管路、水泵、水增压器及附属管路、便器、排污管路及中转箱存水，排空程序与集控防冻排空相同。

排水完毕后，将集控防冻排空用【停放】开关或各车辆单车防冻排空用【防冻排空】开关恢复。

2. 车上设备排水

（1）电开水炉排水：打开电开水炉检查门，将电开水炉产水箱、储水箱、净水器排水塞门全部打开（旋塞与管路平行为开）进行排水，待水排尽后关闭各排水阀，如图 8.5 所示，其中 1、0 车如图 8.6 所示。

（a）

（b）

图 8.5 电开水炉储水箱、产水箱排水阀

餐车电开水炉排水阀、过滤器排水阀如图 8.7、图 8.8 所示。

图 8.6 1、0 车电开水炉

图 8.7　餐车电开水炉排水阀

图 8.8　餐车电开水炉过滤器排水阀

（2）温水箱排水：打开温水箱排水阀（见图 8.9、图 8.10），卸下热水出水口螺堵和进水口螺堵，手动拨开膨胀水安全阀，待水排尽后恢复螺堵，关闭排水阀。其中因 E27 温水器下无接水盘及地漏，故在温水器排水期间需用干抹布放在两螺堵排水口下端，防止排水漏在地板上，同时在排完水后需将地板上的水迹擦干。

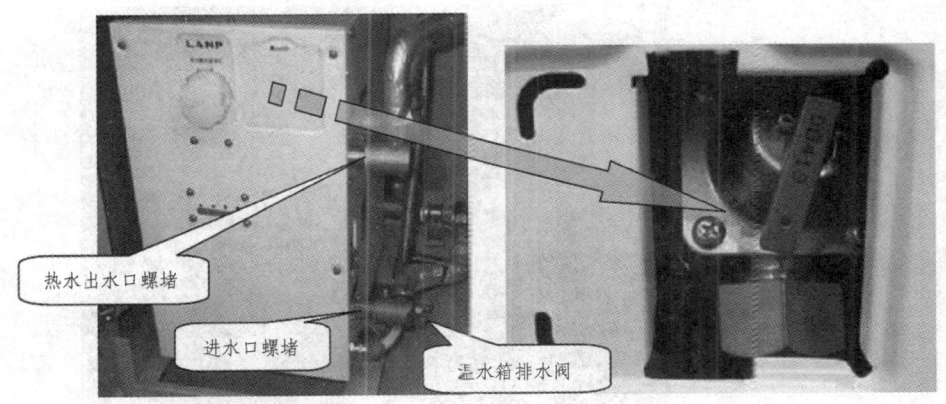

图 8.9　温水箱供水管路　　　　图 8.10　温水箱膨胀水安全阀

（3）水龙头、皂液器排水：反复按压水龙头和皂液器，直到排尽存水为止，如图 8.11 所示。

图 8.11　水龙头、皂液器

（4）车上水箱排水：打开车上水箱的检查门，打开车上水箱和水泵的排水阀（塞门与管路平行为开），进行车上水箱和水泵排水，阀门位置如图 8.12 所示。

（5）车上其他排水：旋转操作黑色手柄将洗水池内存水通过排水阀进行排空，同时将洗水池下端两红色阀打开进行排水，如图 8.13、图 8.14 所示。

图 8.12 车上水箱排水

图 8.13 车上洗手池排水

图 8.14 车上洗手池下端红色排水阀

3. 车下设备排水（无电状态下）

（1）刮雨器水箱排水：将车下刮雨器水箱排水口打开（见图 8.15 红圈处）对刮雨器水箱进行排水，直至刮雨器水箱液位处于最低处。为防止刮雨器喷水管路有存水，需在通电状态下，进行刮雨器排水动作。直至雨刷无水喷出为止（使用防冻刮雨器液时，可以不对刮雨器水箱进行排水）。

图 8.15　刮雨器水箱

（2）车下水箱排水：打开车下水箱外侧的排水阀和水泵排水阀，进行车下水箱及水泵排水，如图 8.16 所示。

图 8.16　车下水箱排水阀

（3）污物箱排水：打开污物箱的排污阀排尽污物箱存水，必要时可采用吸污车进行排空，如图 8.17 所示。

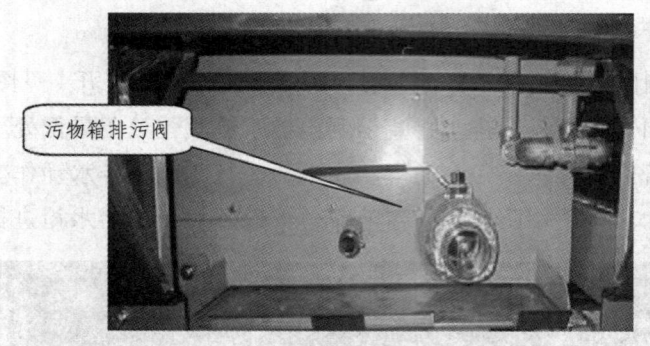

图 8.17 污物箱排污阀

（4）水封排水：卸下水封的排水螺堵，排尽水后恢复螺堵，如图 8.18 所示。

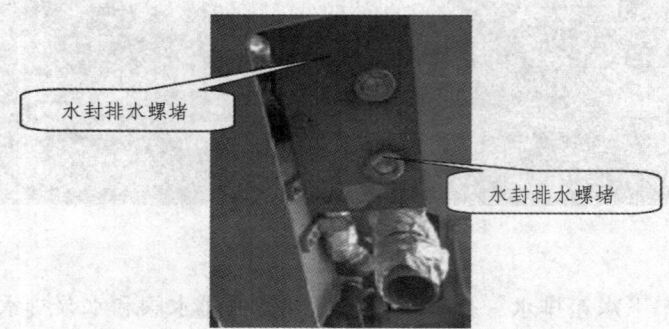

图 8.18 水封排水螺堵

# 第九章　CRH380AL 型动车组防冻排水办法

## 一、主要设备

CRH380AL-2571 及以后动车组的主要设备见表 9.1。

表 9.1　主要设备

| 主要设备 | 车种 | | | | | | | |
|---|---|---|---|---|---|---|---|---|
| | T1 | M1 | M2 | M3 | M4 | M5 | M6 | M7 |
| 水箱/L | 400(车下) | 400(车上) | 400(车下) | 400(车上) | 400(车上) | 400(车上) | 400(车上) | 400(车上) |
| 便器 | 1 座 | 1 座 1 蹲 | 1 座 1 蹲 | 1 座 1 蹲 | 1 座 1 蹲 | 1 座 1 蹲 | 1 座 1 蹲 | 1 座 1 蹲 |
| 污物箱/L | 450 | 450 | 450 | 450 | 450 | 450 | 450 | 450 |
| 电开水炉/个 | 1 | 1 | 1 | 1 | 1 | 1 | 1 | 1 |
| 温水器/个 | 1 | 1 | 1 | 1 | 1 | 1 | 1 | 1 |
| 皂液器/个 | 1 | 1 | 1 | 1 | 1 | 1 | 1 | 1 |
| 水封/个 | 2 | 2 | 2 | 2 | 2 | 2 | 2 | 2 |
| 辅助空压机/个/个 | / | / | 1 个 | / | 1 个 | / | / | / |
| 制动控制装置/个 | 1 | 1 | 1 | 1 | 1 | 1 | 1 | 1 |
| 刮雨器水箱/个 | 1 | / | / | / | / | / | / | / |
| 主要设备 | 车种 | | | | | | | |
| | M8 | M9 | M10 | M11 | M12 | M13 | M14 | T2 |
| 水箱/L | 700(车下) | 400(车上) | 400(车上) | 400(车上) | 400(车上) | 400(车上) | 400(车下) | 400(车下) |
| 便器 | / | 1 座 1 蹲 | 1 座 1 蹲 | 1 座 1 蹲 | 1 座 1 蹲 | 1 座 1 蹲 | 1 座 1 蹲 | 1 座 |

续表

| 主要设备 | 车种 | | | | | | | |
|---|---|---|---|---|---|---|---|---|
| | M8 | M9 | M10 | M11 | M12 | M13 | M14 | T2 |
| 污物箱/L | / | 450 | 450 | 450 | 450 | 450 | 450 | 450 |
| 电开水炉/个 | 1 | 1 | 1 | 1 | 1 | 1 | 1 | 1 |
| 温水器/个 | / | 1 | 1 | 1 | 1 | 1 | 1 | 1 |
| 皂液器/个 | / | 1 | 1 | 1 | 1 | 1 | 1 | / |
| 水封/个 | 3 | 2 | 2 | 2 | 2 | 2 | 2 | 2 |
| 辅助空压机/个 | 1 | / | / | / | 1 | / | / | / |
| 制动控制装置/个 | 1 | 1 | 1 | 1 | 1 | 1 | 1 | / |
| 刮雨器水箱/个 | / | / | / | / | / | / | / | 1 |

## 二、操作流程

自动排水→刮雨器水箱排水→电开水炉排水→温水器排水→水箱排水→水封排水→污物箱排水→其他排水→恢复

注：使用防冻刮雨器液时，可以不对刮雨器水箱进行排水。

## 三、操作步骤

1. 自动排水

（1）条件：将车辆给水设施整备为正常工作状态，车辆通高压电。

（2）排水范围：设有卫生间车供水主管路、水泵、水增压器及附属管路、便器、排污管路及中转箱；开水炉及餐车水泵及供水管路。

（3）自动排水方式：分为集控防冻排空和单车防冻排空两种，只需选择一种进行操作即可。

（4）集控防冻排空功能：动车组低压供电（DC100V），温水污物配电盘的【集便器控制】（餐车为【给水控制】）和【水泵电源】NFB设为ON，且总风压力不低于600 kPa的条件下，右旋打开司机室的【停放】开关或逐车打开DTC的【防冻排空】按钮（餐车为【防冻排水】按钮），启动防冻排空功能，如图9.1~图9.4所示。

图 9.1 温水污物配电盘

图 9.2 餐车温水污物配电盘

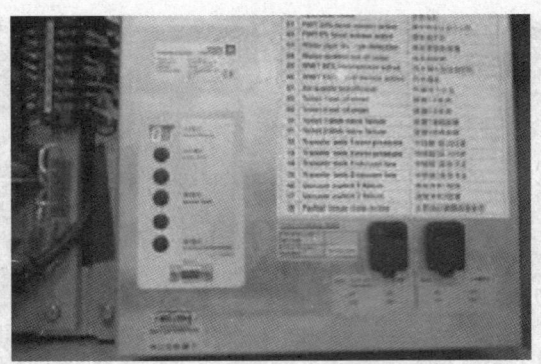

图 9.3　DTC

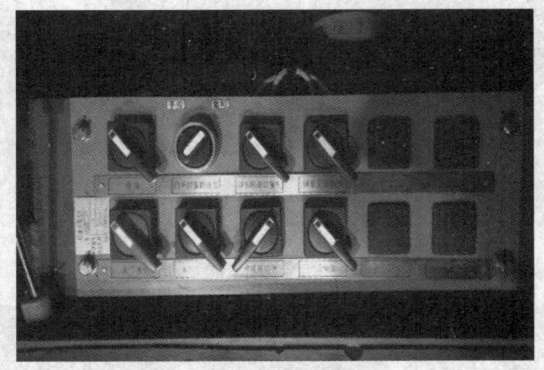

图 9.4　【停放】开关

防冻排空动作过程如下：

① 给水系统进水电磁阀失电关闭，水泵停止运转；

② 给水系统排水电磁阀失电打开，排尽供水管路存水；

③ 给水系统供水管路排水 15 分钟后，中转箱自动清空 1 次→便器自动冲洗 3 次→中转箱自动清空 3 次，以排尽便器、水增压单元及附属管路、中转箱的存水；

④ 给水卫生系统停止工作，便器禁用。

防冻排空动作完成之后，手动打开水增压单元的电磁阀，确认存水已排尽。

（5）单车防冻排空功能：按动设有卫生间各车【防冻排空】开关，对应本车按设定程序清空供水主管路、水泵、水增压器及附属管路、便器、排污管路及中转箱存水，排空程序与集控防冻排空相同。

排水完毕后，将集控防冻排空用【停放】开关或各车辆单车防冻排空用【防冻排空】开关恢复。

2. 车上设备排水

（1）刮雨器水箱排水：采用软管自注液口利用虹吸的方法对刮雨器水箱进行排水，如图 9.5 所示。为防止刮雨器水箱水泵进水过滤器冻损，需将水泵进水过滤器拆下，存水排空后恢复。同时为防止刮雨器喷水管路有存水，需在通电状态下，进行刮雨器排水动作。直至雨刷无水喷出为止（使用防冻刮雨器液时，可以不对刮雨器水箱进行排水）。

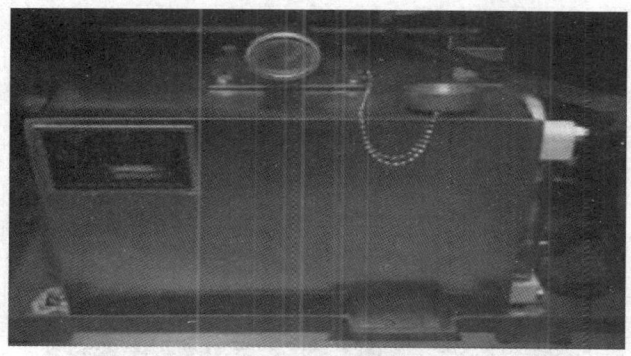

图 9.5 刮雨器水箱

（2）电开水炉排水：打开电开水炉检查门，将电开水炉产水箱、储水箱、净水器排水塞门全部打开（旋塞与管路平行为开）进行排水，待水排尽后关闭各排水阀，如图 9.6~图 9.8 所示。

（a）

（b）

图 9.6 电开水炉储水箱、产水箱排水阀

图 9.7 餐车电开水炉排水

图 9.8 餐车电开水炉过滤器排水阀

（3）温水箱排水：打开温水箱排水阀（见图9.9、图9.10），卸下热水出水口螺堵和进水口螺堵，手动拨开膨胀水安全阀，待水排尽后恢复螺堵，关闭排水阀。其中因CRH380AL型动车组温水器下无接水盆及地漏，故在温水器排水期间需用干抹布放在两螺堵排水口下端，防止排水漏在地板上，同时在排完水后需将地板上的水迹擦干。

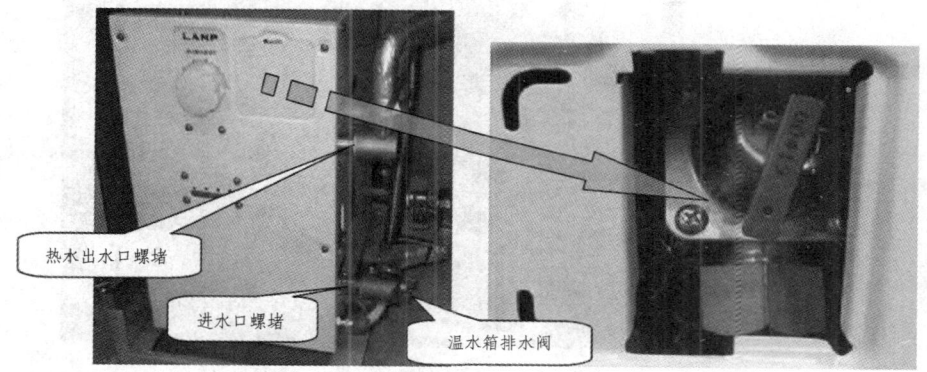

图9.9　温水箱供水管路　　图9.10　温水箱膨胀水安全阀

（4）水龙头、皂液器排水：反复按压水龙头和皂液器，直到排尽存水为止，如图9.11所示。

图9.11　水龙头、皂液器

（5）车上水箱排水：打开车上水箱的检查门，打开车上水箱和水泵的排水阀（塞门与管路平行为开），进行车上水箱和水泵排水，阀门位置如图 9.12 所示。

图 9.12　车上水箱排水

（6）车上其他排水：旋转操作黑色手柄将洗水池内存水通过排水阀进行排空。同时将洗水池下端两红色阀打开进行排水，如图 9.13、图 9.14 所示。

图 9.13　车上洗手池排水

图 9.14 车上洗手池下端红色排水阀

3. 车下设备排水（无电状态下）

（1）车下水箱排水：打开车下水箱外侧的排水阀和水泵排水阀，进行车下水箱及水泵排水，如图 9.15 所示。

（2）污物箱排水：打开污物箱的排污阀排尽污物箱存水，必要时可采用吸污车进行排空，如图 9.16 所示。

图 9.15 车下水箱排水阀

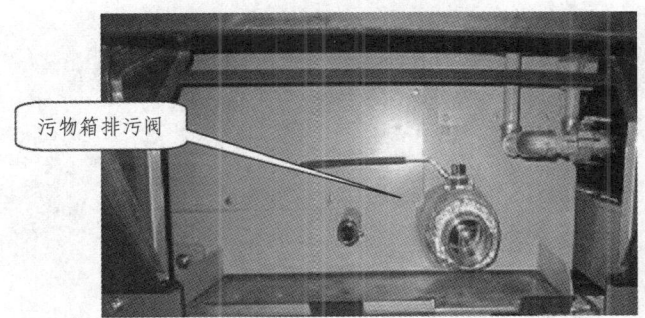

图 9.16 污物箱排污阀

（3）水封排水：卸下水封的排水螺堵，排尽水后恢复螺堵，如图 9.17 所示。

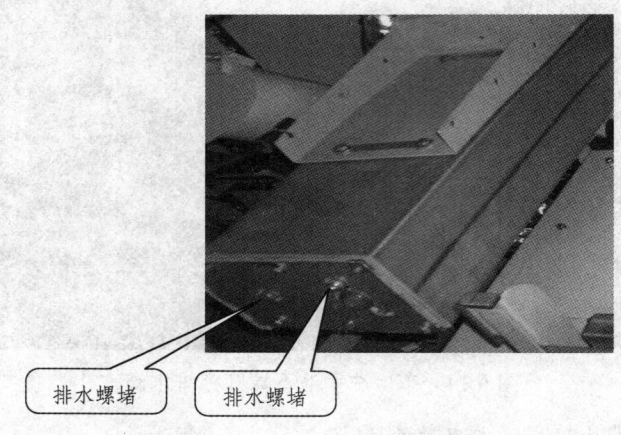

图 9.17　水封排水螺堵

# 第十章　CRH380B型动车组防冻排水办法

CRH380B型动车组防冻排水操作需按如下顺序操作：给水卫生系统排水→电热开水器排水→污物箱排空→制动系统排水。

## 一、给水卫生系统排水

给水卫生系统防冻排空可分为自动排水和手动排水两种方式。为了确保系统能完全排水，建议采用自动排水方式进行；在无法提供自动排水的条件下采用手动排水方式（不建议采用）。不允许自动和手动排水同时操作。在完成排水后，需特别注意将按钮、球阀恢复到系统正常工作状态。

1. 自动排水

（1）打开01或08车灭火器柜门后，按下车辆控制板上的"防冻排空"按钮，净水箱排空电磁阀自动打开，净水箱开始防冻排水，大约25分钟后净水箱内水排完。防冻排空结束后，须将手动操作的"防冻排空"按钮恢复到初始状态，如图10.1所示。

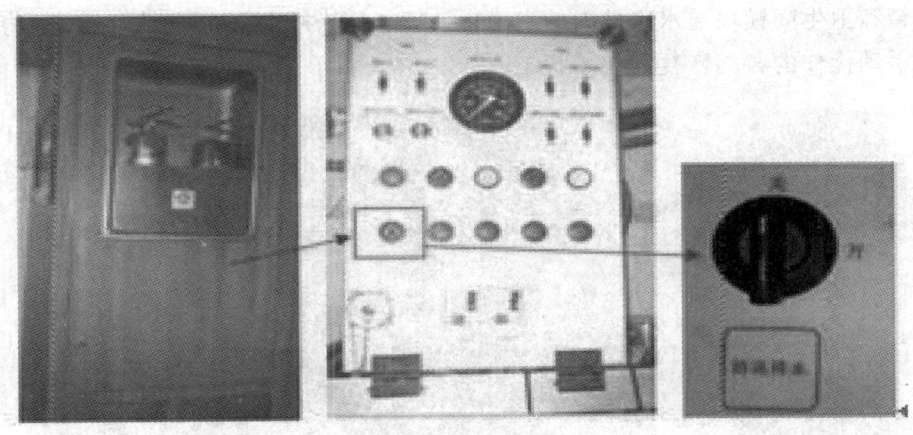

图10.1　防冻排空按钮

（2）按下05车厨房电气柜上"全部防冻排空"按钮，同时打开厨房洗池的水龙头手柄。120 L 中间水箱的存水、供水管路、厨房内的水管路经厨房排水管路排出车外，700 L 净水箱的存水通过水箱车下的防冻排空管路排出车外。整个防冻排空时间最多持续 60 分钟。防冻排空结束后，须将手动操作的各阀恢复到初始状态，如图 10.2 所示。

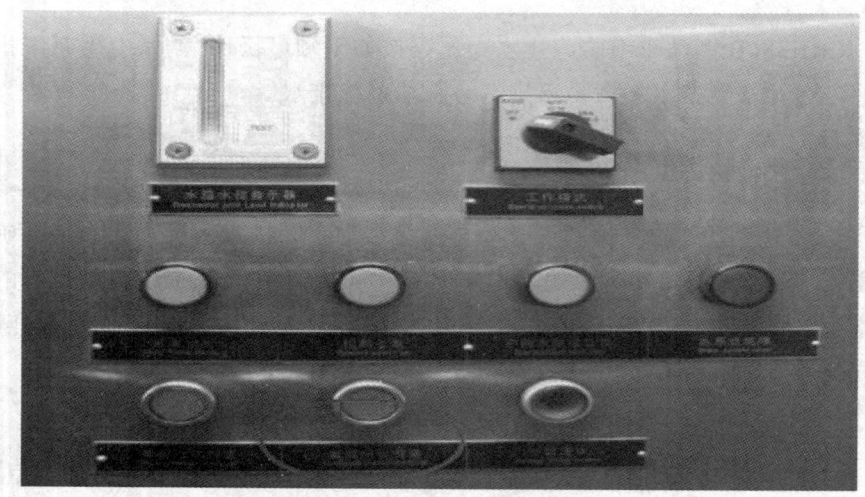

图 10.2 防冻排空按钮

（3）打开 02、03、04、06、07 车右侧标准卫生间模块内的镜子门，按下控制板上的防冻排空按钮，系统将执行防冻排空程序。完全排空净水箱和卫生间模块通水部件内的水最多持续 45 分钟。防冻排空结束后，须将手动操作的各阀恢复到初始状态，如图 10.3 所示。

图 10.3 防冻排空按钮

2. 手动排水

（1）餐车排水。

在 700 L 水箱泵水区的排水管和厨房洗池下方排水管路设置防冻排水球阀，在厨房的电热开水器的排水管路设置防冻排水球阀。手动球阀的手柄与球阀顺直状态为开启，垂直状态为关闭。排水时球阀的手柄处于顺直状态开启位。排水电磁阀的手动蝶阀旋入为开启位。在 60 min 水系统排水完成后，将手动球阀恢复到关闭位。BC05 车各阀位置及使用状态如图 10.4 所示。

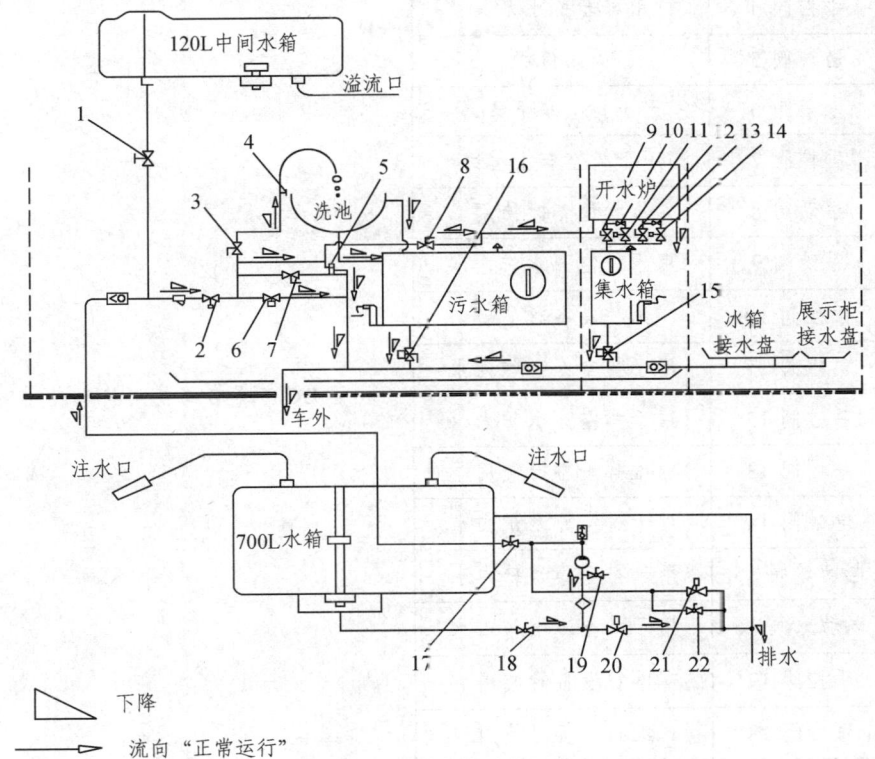

A. 与电路技术不相关；
B. 万一电压降低时手动激活；
C. 在手动拆卸时需要关闭对应的阀门关闭装置；
D. 一些过程会出现叠加运行，该现象是正常的；
E. 厨房内水箱的自动排水过程，当液位达到95%时自动进行；
F. 当厨房内污水箱/集水箱需要手动排水时，可以按压厨房控制板上的污水箱/集水箱手动排水按钮，污水箱和集水箱将自动排水90秒。

图 10.4　BC05 车各阀位置及使用状态

表 10.1 所示为各阀用途及状态

表 10.1 各阀用途及状态

| 名称 | 各阀用途 | 状态 |
|---|---|---|
| 手控阀 1 | 维护设备时使用 | |
| 电磁阀 2 | 用于漏水保护 | |
| 手控阀 3 | 维护设备时使用 | |
| 手控阀 4 | 用来开关水龙头 | |
| 溢流阀 5 | 管路保护 | |
| 电磁阀 6 | 用于排空车上管路 | |
| 手控阀 7 | 用于排空车上管路 | |
| 手动阀 8 | 维护设备时使用 | |
| 手动阀 9 | 用于排空开水炉内水 | |
| 手控阀 10 | 维护设备时使用 | |
| 电磁阀 11 | 用于排空开水炉内水 | 见 BC05 车各阀使用状态表 |
| 手控阀 12 | 用于排空开水炉内水 | |
| 手控阀 13 | 维护设备时使用 | |
| 电磁阀 14 | 用于排空开水炉内水 | |
| 电动球阀 15 | 用于排空集水箱内水 | |
| 电动球阀 16 | 用于排空污水箱内水 | |
| 手控阀 17 | 维护设备时使用 | |
| 手控阀 18 | 维护设备时使用 | |
| 手控阀 19 | 用于排空水泵内水 | |
| 电磁阀 20 | 用于排空车下净水箱 | |
| 电磁阀 21 | 用于排空车下管路 | |
| 手控阀 22 | 用于排空车下管路 | |

BC05 车各阀使用状态表见表 10.2。

表 10.2　BC05 车各阀使用状态

| 阀 | 1 | 2 | 3 | 4 | 5 | 6 | 7 | 8 | 9 | 10 | 11 | 12 | 13 | 14 | 15 | 16 | 17 | 18 | 19 | 20 | 21 | 22 |
|---|---|---|---|---|---|---|---|---|---|---|---|---|---|---|---|---|---|---|---|---|---|---|
| 箱上水 | ○ | ● | ● | ○ | ○ | ● | ● | ● | ● | ● | ● | ● | ● | ● | ● | ● | ● | ○ | ● | ● | ● | ● |
| 正常运行 | ○ | ● | ● | ○ | ○ | ● | ● | ○ | ○ | ○ | ○ | ○ | ○ | ○ | ○ | ○ | ○ | ○ | ○ | ○ | ○ | ○ |
| 全部设备的防冻排空 | ○ | ○ | ○ | ○ | ○ | ○ | ○ | ○ | ○ | ○ | ○ | ○ | ○ | ○ | ○ | ○ | ○ | ○ | ○ | ○ | ○ | ○ |
| 全部设备的手动紧急排空 | ○ | ○ | ○ | ○ | ○ | ○ | ○ | ○ | ○ | ○ | ○ | ○ | ○ | ○ | ○ | ○ | ○ | ○ | ○ | ○ | ○ | ○ |
| 系统压力异常 | ○ | ● | ● | ○ | ○ | ● | ● | ● | ● | ● | ● | ● | ● | ● | ● | ● | ● | ○ | ● | ● | ● | ● |
| 漏水自动保护 | ○ | ● | ● | ● | ● | ● | ● | ● | ● | ● | ● | ● | ● | ● | ● | ● | ● | ○ | ● | ● | ● | ● |
| 漏水手动保护 | ○ | ● | ● | ● | ● | ● | ● | ● | ● | ● | ● | ● | ● | ● | ● | ● | ● | ○ | ● | ● | ● | ● |
| 拆各种设备 | ○ | ● | ● | ● | ● | ● | ● | ● | ● | ● | ● | ● | ● | ● | ● | ● | ● | ○ | ● | ● | ● | ● |
| 厨房内污水箱/集水箱手动紧急排水 | ○ | ● | ● | ◐ | ◐ | ● | ● | ◐ | ◐ | ◐ | ◐ | ◐ | ◐ | ◐ | ◐ | ◐ | ◐ | ○ | ◐ | ◐ | ◐ | ◐ |
| 厨房内污水箱自动排水（95%液位） | ○ | ● | ● | ◐ | ◐ | ● | ● | ◐ | ◐ | ◐ | ◐ | ◐ | ◐ | ◐ | ◐ | ◐ | ◐ | ○ | ◐ | ◐ | ◐ | ◐ |
| 厨房内集水箱自动排水（99%液位） | ○ | ● | ● | ◐ | ◐ | ● | ● | ◐ | ◐ | ◐ | ◐ | ◐ | ◐ | ◐ | ◐ | ◐ | ◐ | ○ | ◐ | ◐ | ◐ | ◐ |
| 备注 | | | | | ○ 阀开 | | | | | | ● 阀关 | | | | | | ◐ 开/关 | | | | | |

（2）中间 02、04、03、06、07 车。

水箱排水电磁阀手动状态：蝶形旋钮向里旋入，使蝶形旋钮的螺纹全部旋入。电磁阀手动状态为开启状态。排水时电磁阀手动旋钮处于开启位。在约 30 min 后，排水完成，使蝶形旋钮的螺纹全部旋出，处于关闭位，如图 10.5 所示。

图 10.5　水箱排水电磁阀

（3）便器防冻排空。

在对水箱和管路进行排空操作完成后，方可执行便器系统手动紧急排空。

进行便器紧急防冻排空前需要准备的存放容器及相关工具如下：塑料水桶（5 L）、塑料盘（0.2 L/高度≤70 mm）、塑料托盘（250 mm×400 mm）、内六角（4 mm）、手电或头灯、四角钥匙。

便器防冻排空步骤如下：

用四角钥匙打开并移去便器单元上端墙上的检查门；卸掉便器外罩上两颗内六角螺丝；移去便器罩；从便器后端连接板上拔下供水快速插头，将水管拔下后将管路残留的水放到预先准备的塑料桶中；将塑料托盘放在便器水增压罐下方地板上，将水增压罐下方的快速接口拔下，将便器内水排出；待系统中水完全排空后将所拔除的各接口及部件恢复原样操作完成；其他车厢紧急防冻排空操作类似。注意：紧急防冻排空时严禁将水排到地板上！

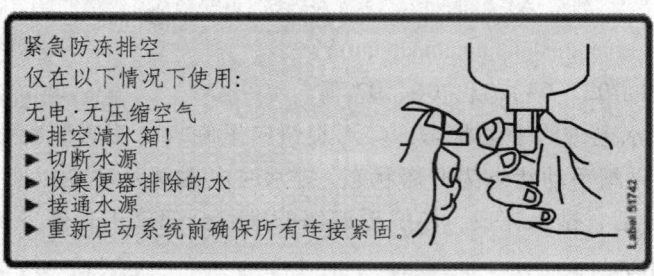

图 10.6　便器防冻排空步骤

## 二、电开水炉排水

1. 自动排水

电开水炉的防冻排水步骤：

① 在排水开始之前，首先确定顶板上净水箱已经排空，如果净水箱不是空的，则电开水炉不能完全排空。

② 由于电开水炉排出的热水直接排到车厢以下的轨道上，所以要确保在车厢下没有人，以免烫伤。

③ 打开手动阀 LE3，如图 10.7 所示。

④ 需要按下排水按钮（位于电开水炉侧面）至少 3 秒钟，确认"电源"及"缺水"指示灯快闪。

⑤ 排水过程持续时间是 15 分钟。在这以后，指示灯会显示是否排水成功。

图 10.7 电开水炉手动阀 LE3

⑥ 15 分钟以后"电源指示"及"缺水指示"应该慢慢闪烁。

⑦ 在排水过程完成后，必须按下水龙头手柄，将水龙头管路中的水排掉，同时也可以确认开水器的储水箱已经成功排空。防冻排空结束后，须将手动操作的各阀恢复到初始状态。

2. 手动排水

① 电热开水器供水管手动排水阀：在电热开水器上部电控箱顶部设有供水管手动排水阀。手动球阀的蝶形手柄与球阀顺直状态为开启，垂直状态为关闭。此阀排水时处于顺直状态开启位。

在约 15 min 后，排水完成，使球阀处于关闭状态。

② 电热开水器排水管路手动排水阀：在电热开水器下部排水管路设有烧水箱和储水箱的手动排水阀，手动球阀的手柄与球阀顺直状态为开启，垂直状态为关闭。此阀排水时处于顺直状态开启位。在约 15 min 后，排水完成，使球阀处于关闭状态。

### 三、污物箱排空

污物箱采用专用吸污设备，打开污物箱上部的通气阀门，将吸污设备的吸污软管连接到排污口的快速接头，打开排污球阀，启动吸污设备进行排污。吸污后将各阀恢复至原来位置，如图 10.8 所示。

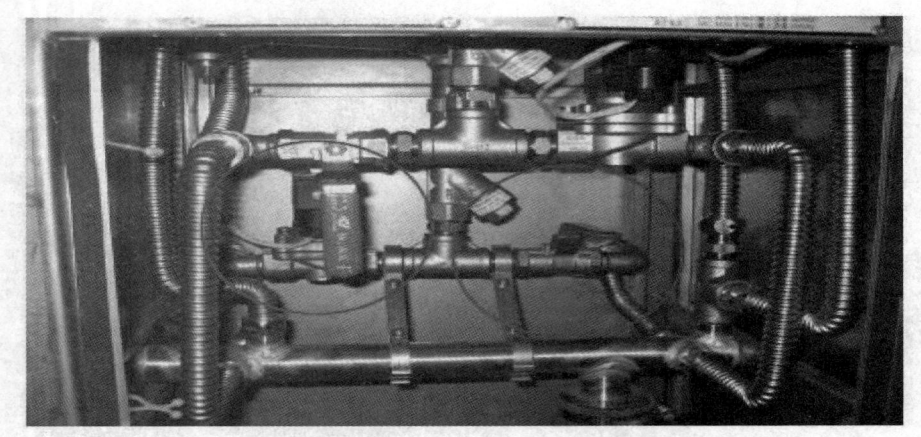

图 10.8 污物箱排污阀

## 四、其他部位排水

1. 刮雨器水箱的防冻排水

动车组冬季运用时,刮雨器水箱冬季正常运行时应添加防冻液,防止水箱冻裂。采用专用防冻清洗液的动车组,在防冻清洗液满足环境温度要求时,可以不进行排水,否则需要排水。排水时,用水泵从刮雨器水箱的注水口处将清洗液水抽空或采用虹吸的方法进行排水。

2. 冷凝水收集箱

3、6 车主空压机冷凝水收集箱按照修程进行排水。每次春、秋季整修排一次水,冬季每 10 万千米或 45 天排一次水,如图 10.9 所示。

图 10.9 冷凝水收集箱

# 第十一章 四方平台动车组转向架冰雪天气应对方案及处置措施

为加强冰雪天气动车组运行安全，针对冬季出现的冰雪恶劣天气，结合四方平台动车组由积雪结冰导致的潜在危害及冰雪击打造成的损伤，现提出四方平台动车组转向架在冰雪天气运行的应对措施和建议。

## 一、积雪结冰及击打情况

动车组在冰雪天气运行时，积雪附着在转向架上结冰以及由于冰雪击打造成的损伤形式见表11.1。

表11.1 积雪结冰及击打损伤形式

| 故障形式 | 情况说明 | 照片 |
|---|---|---|
| 冰冻积雪 | （1）牵引电机外壳表面及电机吊座表面形成冰冻 | |
| | （2）高度调节阀构架安装侧及构架表面存在少量冰雪，有的已结冰 | |

续表

| 故障形式 | 情况说明 | 照片 |
|---|---|---|
| 冰冻积雪 | （3）制动夹钳处存在大量冰雪 | |
| | （4）一系垂向减振器外筒防护罩及安装座存在少量冰雪 | |
| 击打损伤 | （1）轴箱体下部被击打 | |
| | （2）齿轮箱箱体被击打 | |

续表

| 故障形式 | 情况说明 | 照片 |
|---|---|---|
| 击打损伤 | （3）齿轮箱防护板被击打变形 | |
| | （4）制动夹钳闸片托被击打 | |
| | （5）制动夹钳平衡杆被击打 | |
| | （6）制动盘与闸片间残留异物造成制动盘划伤 | |

续表

| 故障形式 | 情况说明 | 照片 |
|---|---|---|
| 击打损伤 | （7）道砟飞入车轴与电机之间的间隙造成车轴划伤 | |
| | （8）车轴被异物击伤 | |
| | （9）车轮踏面出现多处擦伤及压痕 | |
| | （10）排障装置被击伤 | |

续表

| 故障形式 | 情况说明 | 照片 |
|---|---|---|
| 击打损伤 | （11）电机、垂向减振器、抗蛇行减振器防松铁丝断裂 | |
| | （12）电线支架击打变形 | |

## 二、应对措施

1. 车辆融冰除雪维护

在降雪及线路积雪期间，动车组须当日回库内进行融冰除雪。

（1）转向架积雪结冰部位。

转向架积雪结冰部位主要包括牵引电机、齿轮箱、联轴节、高度阀调整棒、构架、空气弹簧、增压缸、制动夹钳、减振器及横向挡等。

根据动车组各部件对运营安全的重要程度，对需进行除冰雪的部件进行了分类，建议对A级部件必须进行融冰除雪及干燥处理，对B级部件在有条件下尽快实施融冰除雪及干燥处理，其中A、B类部件的定义如下：

A级部件：直接影响动车组运营安全，一旦失效将直接导致动车组无法运用的部件。

B级部件：不影响动车组运营，一旦失效将导致动车组部件损坏或功能失效的部件。

转向架易积雪结冰部位的部件重要程度分类见表11.2。

表11.2 转向架部件重要程度分类表

| 序号 | 位置 | 分类 | 示例 |
|---|---|---|---|
| 1 | 空气弹簧周围 | A | 空簧下部周围 |
| 2 | 轮装、轴装制动夹钳及闸片 | A | 制动夹钳、闸片和制动盘上的摩擦残留物 |

续表

| 序号 | 位置 | 分类 | 示例 |
|---|---|---|---|
| 3 | 联轴节周围及轴毂与外筒张口处 | A | 联轴节周围及张口处 |
| 4 | 牵引电机周围、联轴节处的通风罩及牵引电机与车轴间隙处 | A | 与车轴间隙处　联轴节处的通风罩 |
| 5 | 牵引拉杆与构架垂向止挡处 | A | 垂向止挡间隙处 |

续表

| 序号 | 位置 | 分类 | 示例 |
|---|---|---|---|
| 6 | 制动软管、传感器及牵引电机电缆上不准有坠冰块或冰坨 | A | 传感器及牵引电机电缆处<br><br>制动软管 |
| 7 | 钢管周围 | B | 金属管路附近 |

（2）融冰除雪方式。

允许采用以下方式进行融冰除雪，优先顺序依次降低：

① 建议在有供暖条件的库内使冰雪自然融化。

② 压力≤450 kPa 的高压风（温度 > 10 ℃，距离零部件表面 0.5 m 以上）使冰雪融化。

③ 如果没有供暖设施：用热风机（保持适当距离，零部件表面温度≤70 ℃）结合高压清洗机对积冰、积雪进行清除。

④ 如果①、②、③条均达不到，允许使用橡胶锤轻轻敲击冰雪，严禁采用猛烈敲打的方式或采用铁铲、铁钎等金属锐器作业，特别是对高度调整阀/杆、各种传感器、电气连接件（接头等）、制动夹钳（特别是制动软管与夹钳连接处，夹钳平衡杆及滑块，避免损伤滑块）、齿轮箱及管路系统等关键部位。

⑤ 若采用液体冲洗冰雪方式，可使用温度≤70 ℃ 的热水或高压冲水设备（压力≤450 kPa）进行冲水融冰除雪作业，注意喷枪水嘴距离各传感器、迷宫密封、有相对转动及通气部位要在 0.5 m 以上，避免喷枪水嘴前部压力过大损伤线缆或使水流入部件内部。冲洗时应严格注意避免对上述部位的正对直冲，特别是制动夹钳（高压水会冲洗出夹钳臂内润滑脂，导致夹钳不能正常工作，见图 11.1）、牵引电机（进水容易引起电机短路或绕组烧损）、电机或传感器用电气接头（进水容易导电或使传输信号受干扰）、齿轮箱与车轴结合处（进水容易引起接地装置集电环的锈蚀，见图 11.2）、轴箱体前后盖部位（进水将导致轴箱体内部存水，进而可能由轴承密封处

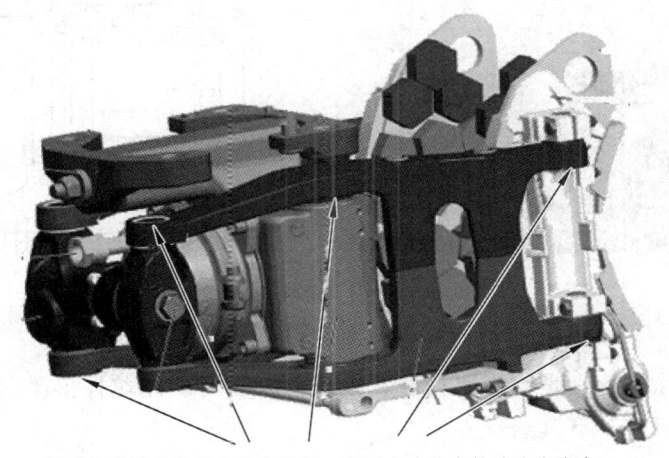

制动夹钳活动关节处存在油脂，高压水冲洗会导致油脂流失

图 11.1 制动夹钳活动关节处存在油脂，高压水冲洗会导致油脂流失

进入轴承内部，见图 11.3）、轴箱导向筒罩（进水不易干燥）。若采用除水之外的其他液体，压力及温度要求同水洗一样，但液体不能对转向架各种材质[金属、非金属（橡胶、特殊有机玻璃、润滑油/脂、油漆等等）]有腐蚀或任何其他不良反应。

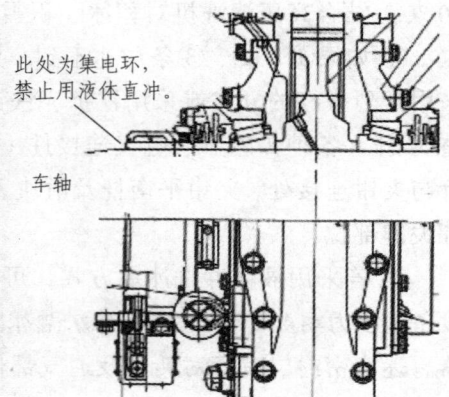

图 11.2　齿轮箱接地——集电环

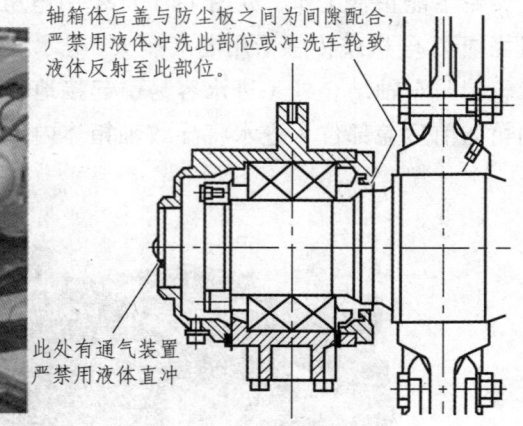

图 11.3　轴箱体前后盖

　　融冰除雪特别是冰坨要彻底，以防线路运行时冰坨掉落激起线路飞石击伤转向架或车下其余部件。

　　冲洗前应严格防护排风口，确保排水孔通畅。

图 11.4 冲洗前对排风口严格防护，确保排水孔通畅

注意：

① 冰雪清除完毕后，要对制动盘进行重点检查，检查闸片和制动盘摩擦面，清理闸片和制动盘上的摩擦残留物，特别是摩擦块缝隙中的残留物，这些残留物遇水再次结冰后会损伤制动盘表面，严重时会导致制动盘报废。

② 尽量不对各传感器、迷宫密封、有相对转动及通气部位冲洗，采用橡胶锤轻轻敲击的方式清除冰雪最好。如必须清洗，应严格注意避免对上述部位正对直冲，冲洗时要加倍小心。

③ 融冰除雪后，应将残留水分清理干净，采取自然干燥（环境温度＞15 ℃），或者压力≤450 kPa 的高压风（温度＞10 ℃，距离零部件表面 0.5 m 以上）等措施，或者温度≤70 ℃（被干燥零部件表面温度）的热风（比如热风机），保持转向架牵引电机、齿轮箱、联轴节、差压阀、制动夹钳、高度阀杆、制动盘、闸片等转动部件及活动软管出库前处于干燥状态，特别是检查闸片，须清理闸片和制动盘上的摩擦残留物；其次是电气件（包括接地装置），一是防止电气件导电，二是避免在存水尚未完全干燥的情况下出库二次结冰。

④ 动车组融冰除雪须在断电情况下进行，必须在融冰除雪并干燥处理后，方可升弓库外存放。

另外，须及时清除各检查窗口处（齿轮箱油位视窗和接地装置电刷检查窗）积雪，以方便观察；及时检查高度调整阀的电热保温功能是否正常。

（3）冲洗冰雪注意事项及冲洗位置。

注意：采用水冲洗冰雪方式时，对转向架关键部位不得使用水柱直接冲洗，具体位置如表 11.3 所示。

表 11.3 不得使用水柱直接冲洗部位

| 序号 | 照片 | 相关描述 |
|---|---|---|
| 1 |  | 传感器安装面及线缆 |
| 2 |  | 传感器安装面及线缆 |
| 3 |  | 轴箱防尘盖通气孔 |
| 4 |  | 制动夹钳夹回转部位 |

续表

| 序号 | 照片 | 相关描述 |
|---|---|---|
| 5 | | 制动夹钳夹回转部位 |
| 6 | | 制动夹钳夹回转部位 |
| 7 | | 制动夹钳夹回转部位 |
| 8 | | 制动夹钳夹回转部位 |

87

续表

| 序 号 | 照 片 | 相关描述 |
|---|---|---|
| 9 | | 齿轮箱通气装置 |
| 10 | | 齿轮箱小轴端排水口及联轴节开口处 |
| 11 | | 车轴与齿轮箱集电环相对回转部位 |
| 12 | | 牵引电机排风口 |

续表

| 序 号 | 照 片 | 相关描述 |
|---|---|---|
| 13 | | 半主动减振器电磁阀 |
| 14 | | 抗侧滚扭杆轴与轴承座密封部位 |
| 15 | | 高度调整杆下端关节轴承 |
| 16 | | 高度调整杆上端关节轴承及保温箱 |

为了避免对上述关键部位的直接冲洗，需确定适当的冲洗方向及位置，根据转向架与车体的相互位置关系，建议分别从车体外侧的1位侧、2位侧向转向架两侧的设备舱端板和转向架上方的底板由下方向上方喷水，若端板处有空调进风口或牵引电机冷却风机出风口，不得对风口正对直冲，通过端板和底板的反射使水喷淋到转向架各部位，从而加速融冰除雪进程。面向转向架侧面，冲洗位置如表11.4所示。

表11.4 冲洗位置

| 序号 | 照片 | 说明 |
| --- | --- | --- |
| 1 |  | 喷水点位于左侧设备舱端板,清除端板上的冰雪 |
| 2 |  | 喷水点位于空簧左侧上方的底板,通过反射喷淋清除转向架外侧和靠近本侧的两横梁之间的冰雪 |
| 3 |  | 喷水点位于空簧右侧上方的底板,通过反射喷淋清除转向架外侧和靠近本侧的两横梁之间的冰雪 |

续表

| 序号 | 照片 | 说明 |
|---|---|---|
| 4 | 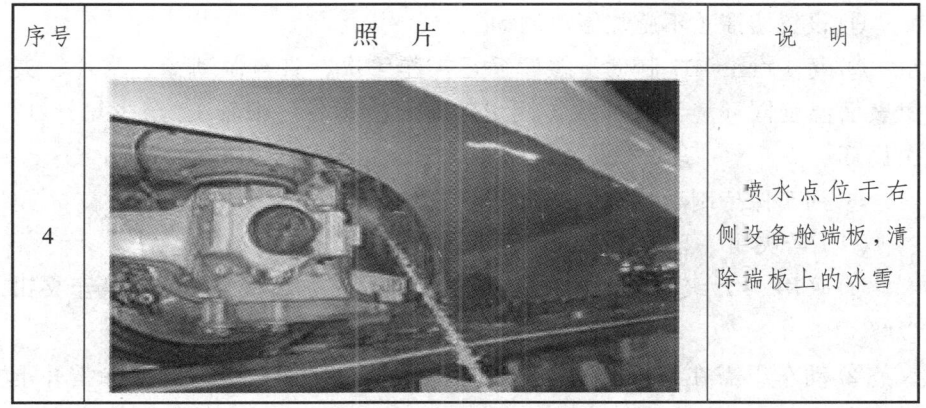 | 喷水点位于右侧设备舱端板，清除端板上的冰雪 |

注意：

融冰除雪作业后，应采取各种措施使转向架干燥后再出库，以免发生出库后残留水分二次冰冻，影响有回转部位部件的性能，尤其需关注制动夹钳的制动及缓解动作正常。动车组出库前，司机反复施加缓解空气制动3次，起车后在速度分别达到 5 km/h、10 km/h、15 km/h 时，施加空气制动1次，确认制动状态良好。必须虐外存放时应升弓送电，并定时施加制动及缓解，从而确保夹钳转动部位不被冻住。

对于喷水融冰除雪作业后的动车组，须在后续运用检修中重点关注电气连接器、制动夹钳、齿轮箱、牵引电机、轴箱组成等部件的运用状态。

（4）对转向架进行全面检查。

冰雪天气条件下，融冰除雪后应对转向架进行全面检查，尤其须对轴箱体及压盖、制动盘、齿轮箱、制动夹钳、车轮、车轴、轴箱前盖、构架、增压缸罩、牵引电机、空气弹簧、联轴节、高度阀调节杆组装等部位进行重点检查，并对损伤部位按照附件1的要求进行修复。如部件损伤超出限度必须及时更换。

2. 冰雪天气基础制动装置结冰处理措施

库外及冰雪天气条件下，动车组基础制动注意事项及应急处理措施如下：

（1）动车组站停、临停期间（10~60 min），ATP 隔离，采用 B7 级制动，每 5 min 操作缓解、制动各一次，避免夹钳冻结。缓解至制动转换时，应动作迅速。

（2）动车组库外长时间停放（含车站长时间停放）时，升弓送电：

① 设置防溜（不施加停放制动）。

② 每 10 min B7 制动、缓解循环操作 1 次，直至制动盘、闸片、夹钳表面温度同环境温度一致（测量动车、拖车各一根轴），至少累计 12 次循环。

③ 列车保持制动状态（夹钳保持制动）。

（3）若夹钳一旦被冻死，应急措施如下：

① 采用 5~7 级牵引（2~3 s）→EB 制动力施加，反复数次后直至夹钳缓解。

② 动车组需在最短时间内返回有条件的检修库内进行融冰除雪并干燥相关零部件。

## 附件 1  冰雪损伤部件修复标准

外观状态检查时，各管路安装管夹无松动、脱落现象；各管路无抗磨现象；电线管路破损穿透者须更换；油压管路及液压管接头不得有漏油现象，空气管路和油压管路无破损；液压制动软管外层防护丝网出现破损时须更换。

如防松铁丝断裂，在确认螺栓无松动情况后，需补打防松标记并绑防松铁丝。如因击打造成金属裸露而未造成本体损伤，须按照相关要求找补油漆。

如传感器电缆线的外部螺旋软管出现局部破损、断裂等缺陷时，允许用绝缘防水材料处理，出现 3 处以上破损、断裂缺陷时更换；电缆表面橡胶允许存在非贯通性划痕、划伤、破损、开裂、老化时更换；更换电缆时要进行防水处理。

各部件的击打损伤处理要求如下：

1. 轴箱体及压盖

轴箱体筋板及筋板与箱体连接圆弧部位及轴箱体横筋板长圆孔部位的损伤修复后深度不得超过 0.7 mm，须手工打磨去除且与周边金属圆滑过渡（打磨半径 $R$ 不得小于 30 mm），并渗透探伤无裂纹。

其他部位缺陷修复后深度小于 2 mm，修复时去除高点，并保证缺陷部位与周边部位圆滑过渡（见图11.5）。

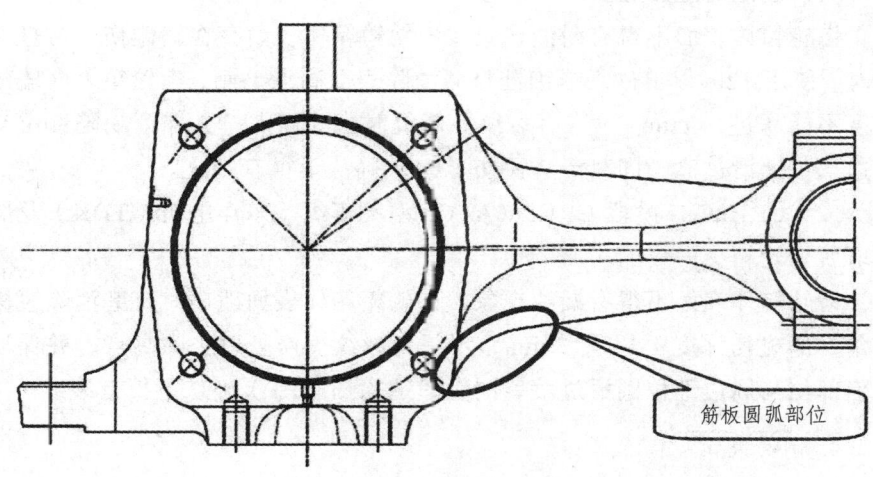

图 11.5

压盖部位表面缺陷深度不大于 3 mm，修复时去除高点，并保证缺陷部位与周边部位圆滑过渡。

2. 制动盘

（1）CRH2A/2B/2E/2C 一阶段型动车组：

制动盘边缘磕碰损伤长度×宽度×深度（长度为圆周方向，宽度为半径方向，深度为厚度方向）不超过 20 mm×5 mm×5 mm 时，须对磕碰处打磨去除高点；边缘磕碰损伤不超过 30 mm×5 mm×5 mm 或 13 mm×7 mm×7 mm 时，须对磕碰处打磨去除高点，磁粉探伤检查无裂纹，若磕碰造成摩擦面局部高起，须打磨去除。磕碰损伤超限者须更换。

（2）CRH2C 二阶段/CRH380A/AL/CRH380A 统/CRH2A 统/CRH2G/CRH6 型动车组：

制动盘刻痕深度应小于等于 1 mm；超限时更换轮对并对制动盘进行加工。

对于表面存在划痕的制动盘，应拆卸闸片，清理闸片和制动盘上的摩擦残留物，特别是摩擦块缝隙中的残留物，这些残留物遇水再次结冰后会损伤制动盘表面，严重时会导致制动盘报废。

3. 齿轮箱箱体

（1）CRH2A/2B/2E/2C 一阶段型动车组：

齿轮箱体表面不得有漏油现象，齿轮箱箱体表面存在磕碰伤、击打伤痕时，使用 120#以上砂纸或细锉打磨消除表面高点毛刺，齿轮箱表面磕碰深度不能超过 4 mm，不得有裂纹。修复时去除高点，并保证缺陷部位与周边部位圆滑过渡，同时渗透探伤（PT）确认不得有裂纹。

（2）CRH2C 二阶段/CRH380A/AL 型动车组（东洋电机（TDK）及威墅堰所齿轮箱）：

齿轮箱体表面不得有漏油现象，齿轮箱箱体表面磕碰时打磨消除锐棱尖角，磕碰伤深度不超过 3 mm，不得有裂纹。修复时去除高点，并保证缺陷部位与周边部位圆滑过渡，同时渗透探伤（PT）确认不得有裂纹。

4. 制动夹钳

（1）CRH2A/2B/2E/2C 一阶段型动车组：

制动卡钳外观状态检查，卡钳本体无漏油现象；卡钳本体外观检查发现裂纹时允许打磨修整（最大允许打磨深度 3 mm），修磨后磁粉探伤检查无裂纹。油缸波纹管破损时须更换，并作试验检查无漏油。支持销波纹管破损部位在卡钳本体安装部范围内，且破损长度不超过 10 mm 者可以不更换，其他情况下支持销波纹管破损者须更换。其他部位橡胶波纹管破损时更换。制动闸片厚度超限者更换。如有磕碰、划伤等异常无法处理时，需返专业化厂家检修。

（2）CRH2C 二阶段/CRH380A/AL/CRH380A 统/CRH2A 统/CRH2G/CRH6 型动车组：

对表面状态进行目视检查，悬架转轴无转滞，波纹管无破损，如有平衡杆滑槽、闸片托磕碰严重（变形、断裂）等异常无法处理，需拆解后返专业化厂家检修。

5. 车轮踏面

踏面擦伤、碾长、硌伤、剥离标准按照相应车型动车组一、二级修要求执行。

6. 车轴轴身

（1）CRH2A/2B/2E/2C 一阶段型动车组：

轴身擦伤深度不大于 0.1 mm，撞伤深度不大于 0.3 mm，超限时更换车轴。车轴擦伤、撞伤未超限时，允许使用 120#以上砂纸或同等粒度的工业百洁布打磨去除毛刺、高点，修复后磁粉探伤无裂纹。

（2）CRH2C 二阶段/CRH380A/AL 型动车组：

车轴轴身表面击打缺陷深度不大于 1 mm 时，允许局部手工打磨去除；超过 1 mm 时，允许车削加工修复，加工后轴身直径不得低于 $\phi 167$ mm。轴身表面沟槽型擦伤缺陷深度不大于 0.5 mm 时，允许局部手工打磨去除；超过 0.5 mm 时，允许车削加工修复，加工后轴身直径不低于 $\phi 167$ mm。动车车轴的轮座和齿轮座之间的卸荷槽有击打或沟槽型擦伤缺陷时须报废。手工打磨去除缺陷后磁粉探伤无裂纹。

7. 轴箱前盖

轴箱前盖表面目视检查不得存在裂纹，表面伤痕深度不超过 5 mm 时消除锐棱后使用，超限更换。

8. 构架（包括各板材组件，如各减振器座、排障装置、中心销等）

对表面状态进行目视检查，如有磕碰、划伤等异常，当缺陷深度在表 11.5 规定范围内时，须对缺陷部位进行打磨消除，并确保打磨部位与钢板轧制状态的表面交界处平滑过渡。

表 11.5　板厚与允许缺陷深度表

| 设计板厚/mm | 缺陷允许深度/mm |
|---|---|
| 6～<16 | 0.65 |
| 16～<25 | 0.75 |
| 25～<40 | 0.8 |
| 40～≤50 | 0.95 |

9. 牵引电机

对表面状态进行目视检查，电机排风罩变形允许调修，调修后变形部位直径不超过 40 mm，深度不超过 10 mm，开裂须更换。铝端盖磕碰伤深度不超过 3 mm 允许打磨圆滑过渡，超限须更换。如有磕碰、划伤等异常无法处理，需返专业化厂家检修。

10. 空气弹簧

由于冰雪的飞溅或者相互摩擦而引起的空气弹簧外层橡胶损伤，要求如下：

（1）对帘线露出的部件进行更换。

（2）对损伤深度超过 1.5 mm 的部件进行更换。

（3）即使长度波及全圆周，但只要损伤深度不超过 1.5 mm 仍可继续使用。

11. 高度阀调整棒组成

高度阀调整棒组装无变形，安装状态良好。

注：所有击打部位打磨或修补后，对外露金属表面应找补油漆。

# 第十二章　CRH380B型动车组转向架融冰除雪出库标准及融冰除雪操作规范

## 一、转向架融冰除雪出库标准

为保证CRH380B型动车组运行的安全性和平稳性，冰雪天气，融冰除雪后重要零部件出库标准如表12.1所示。

表12.1　融冰除雪后重要零部件出库标准

| 部位 | 零部件要求 | 图片 | 备注 |
|---|---|---|---|
| 一系悬挂 | 钢弹簧 | | 钢弹簧内部无冰雪 |
| 一系悬挂 | 减振器 | | 弹性节点、弹性垫部位无冰雪 |
| 二系悬挂 | 空气弹簧 | | 空气弹簧的胶囊及橡胶堆部位无冰雪 |

续表

| 部位 | 零部件要求 | 图片 | 备注 |
|---|---|---|---|
| 二系悬挂 | 高度阀 |  | 高度阀及调节手柄部位无冰雪 |
| | 高度阀调整杆 | | 关节轴承部位无冰雪,且转动灵活 |
| | 抗侧滚扭杆 二系垂向减振器 | | 关节轴承及弹性节点部位无冰雪 |
| | 抗蛇行减振器 | | 弹性节点部位无冰雪 |

续表

| 部位 | 零部件要求 | 图片 | 备注 |
|---|---|---|---|
| 二系悬挂 | 二系横向减振器 牵引拉杆 牵引梁弹性衬套 | | 弹性节点部位无冰雪 |
| | | | 弹性节点部位无冰雪 |
| | | | 弹性衬套部位无冰雪 |
| 横向悬挂 | 横向止挡 | | 横向止挡部位无冰雪 |
| 驱动装置 | 齿轮箱及联轴节 | | 齿轮箱联轴节部位、油位视窗部位、车轴配合部位与齿轮箱体无冰雪 |

续表

| 部位 | 零部件要求 | 图 片 | 备 注 |
|---|---|---|---|
| 基础制动装置 | 制动夹钳 | | 闸片及夹钳部位无冰雪，制动夹钳动作灵活 |
| 管线布置 | 供风管路 | | 所有供风管路无冰雪聚集现象 |

上述标准只针对融冰除雪，转向架正常检修要求按照《CRH380B型动车组转向架一、二级检修作业卡片》执行。

## 二、CRH380B型动车组转向架融冰除雪操作规范

1. 总体要求

（1）允许使用热空气、热水或辐射加热器除冰雪。

（2）除冰雪时不得损坏电缆、连接器、传感器等部件。

（3）不允许使用含有乙二醇和其他液体的化学除冰雪剂。

（4）不能使用木棒或金属棒敲击除冰。

2. 环境温度要求

去除冰雪时的环境温度应大于 15 ℃。

3. 工具

热水（温度 50~60 ℃）水压 10~15 bar，热风机（温度~60 ℃）风压 4~6 bar，橡胶锤。

4. 冰雪去除顺序

所有部位的冰雪都应该清除。但在时间不够充足的情况下，按如下顺序清理（见表 12.2）。

表 12.2 融冰除雪顺序、部位及要求

| 序号 | 状 态 | | 清除部位及要求 |
|---|---|---|---|
| 1 | 冰雪状态 |  | 一系钢弹簧<br>采用 50~60 ℃ 的热水清除内外圈弹簧之间，以及一系垂向止挡与橡胶垫之间的冰雪，最后用热风吹干表面。<br>一系垂向减振器：<br>清除减振器两端橡胶节点的冰雪，以及减振器内外筒之间的冰雪 |
| | 融冰除雪后状态 | | |
| 2 | 冰雪状态 | | 轴箱端盖：<br>采用热风吹除冰雪，并吹干表面。<br>轴箱转臂（包含转臂定位座）： |

续表

| 序号 | 状态 | | 清除部位及要求 |
|---|---|---|---|
| 2 | 融冰除雪后状态 | | 采用热风吹除冰雪，并吹干表面。注意保护好轴端各种传感器接头和电缆 |
| 3 | 冰雪状态 | | 空气弹簧：清除空气弹簧胶囊周围，以及胶囊下橡胶堆周围的冰雪 |
| | 融冰除雪后状态 | | |

续表

| 序号 | 状态 | | 清除部位及要求 |
|---|---|---|---|
| 4 | 冰雪状态 | | 高度阀和调整杆：<br>只能用热风清除高度阀出风口的冰雪。<br>清除调整杆两端活动关节的冰雪，以及杆身周围的冰雪。<br>注意不要将调整杆和水平杆折弯 |
| | 融冰除雪后状态 | | |
| 5 | 冰雪状态 | | 横向止挡：<br>清除横向止挡轴位冰雪 |

续表

| 序号 | 状　态 | | 清除部位及要求 |
|---|---|---|---|
| 5 | 融冰除雪后状态 | | |
| 6 | 冰雪状态 | | 牵引拉杆和中心销：<br>采用热风吹除冰雪，并吹干表面 |
| | 融冰除雪后状态 | | 牵引拉杆和中心销：<br>采用热风吹除冰雪，并吹干表面 |

续表

| 序号 | 状 态 | | 清除部位及要求 |
|---|---|---|---|
| 7 | 冰雪状态 | | 扭杆及扭臂：清除扭臂周围的冰雪，以及扭臂与连杆连接处的冰雪 |
| | 融冰除雪后状态 | | |
| 8 | 冰雪状态 | | 二系垂向减振器与可调连杆：清除二系垂向减振器、连杆与构架之间的冰雪 |

105

续表

| 序号 | 状 态 | | 清除部位及要求 |
|---|---|---|---|
| 8 | 融冰除雪后状态 | | |
| 9 | 冰雪状态 | | 抗蛇行减振器：<br>清除减振器两端橡胶节点的冰雪，以及减振器内外筒之间的冰雪。<br>为了避免减振器进水，只能沿着箭头方向，从高到低清除冰雪 |
| | 融冰除雪后状态 | | |

续表

| 序号 | 状态 | | 清除部位及要求 |
|---|---|---|---|
| 10 | 冰雪状态 | | 单元制动缸：清除制动夹钳与制动盘之间的冰雪，以及制动缸与构架之间冰雪 |
| | 融冰除雪后状态 | | |
| 11 | 冰雪状态 | | 电机吊架减振器及板簧：清除减振器两端橡胶节点的冰雪，以及减振器内外筒之间的冰雪。清除板簧橡胶节点的冰雪，以及板簧与构架之间冰雪 |

续表

| 序号 | 状 态 | | 清除部位及要求 |
|---|---|---|---|
| 11 | 融冰除雪后状态 | | |
| 12 | 冰雪状态 | | 电机吊架：<br>清除电机吊机与电机、齿轮箱、构架之间的冰雪 |
| | 融冰除雪后状态 | | |

续表

| 序号 | 状态 | | 清除部位及要求 |
|---|---|---|---|
| 13 | 冰雪状态 | | 齿轮箱及联轴器：<br>清除齿轮箱联轴节、油位视窗部、车轴配合与齿轮箱体部位冰雪，<br>清除联轴器周围的冰雪。<br>注意不要用水清洗 |
| | 融冰除雪后状态 | | |
| 14 | 冰雪状态 | | 天线：<br>清除天线周围的冰雪，注意不能损坏电缆。<br>注意不要用水清洗 |

续表

| 序号 | 状态 | | 清除部位及要求 |
|---|---|---|---|
| 14 | 融冰除雪后状态 | | |
| 15 | 冰雪状态 | | 撒砂及排障器：清除撒砂管、排障器与车轮之间的冰雪。清除撒砂管线上的冰雪 |
| | 融冰除雪后状态 | | |

续表

| 序号 | 状态 | | 清除部位及要求 |
|---|---|---|---|
| 16 | 冰雪状态 | | 诊断装置：清除加速度传感器和轴箱温度传感器上的冰雪。注意不要用水清洗 |
| | 融冰除雪后状态 | | |

（1）必须清除的部位：一系钢弹簧、一系垂向减振器、转臂定位座、空气弹簧、高度阀排气口及高度阀调整杆、横向止挡、二系垂向减振器、二系横向减振器、抗蛇行减振器、牵引拉杆和中心销、电机吊架、电机吊机横向减振器、制动夹钳与制动缸、电机出风口（电机与联轴器连接侧）、撒砂和排障装置组成。

（2）其次是对密封、绝缘和防水有特别要求的部位：轴箱、齿轮箱、电机、接地回流轴端、接地保护轴端、防滑传感器轴端、各种管线接头等。

（3）然后再清除其他部位。

5. 基本操作方法

（1）先用压缩空气去除表面的浮雪。

（2）用热风机或热水对厚冰层进行加热。注意在使用热风机时，要控制加热距离，用手感觉加热部位的表面温度不得大于 50 ℃。

（3）冰层脱落后，用压缩空气将转向架表面吹干。

注意事项：在清除冰雪时，注意不要对清除部位零部件表面以及周围零部件表面产生磕碰伤。尤其注意不要对转向架上的相关管线造成损坏，管线主要包括制动管路、传感器电缆、电机电缆等。

# 第十三章 动车组看管及防火

## 一、动车组停放管理

动车组停放前,动车组机械师应检查确认车内无人、各用电设备关闭、门窗关(锁)闭良好,严禁任何人员上车、过夜,消除火灾隐患;对于停放时间超过 24 小时的动车组,动车所要断开各蓄电池,隔离、锁闭全列门窗,并安排巡查作业人员每 2 小时对停放动车组车上和车下进行一次巡查。保安人员要按规定对动车组存放场进行巡查,防止闲杂人员接近动车组。

## 二、动车组防火管理

1. 禁火要求

各动车检修库及动车组车内严禁吸烟,严禁使用明火。在此区域需动用明火作业时,写出动火申请,经段武保科批准后方准作业。

2. 电器管理

(1)确认微波炉等电器设备通过国家 3C 安全认证;额定功率、配置数量、专用插座等符合中国铁路总公司、铁路局文电和动车组检修维护手册规定;使用寿命在质量保证期内;外观无损伤;各部清洁无油垢。微波炉等吧台电器设备使用中禁止离人,使用完毕后必须立即断电,并进行彻底清洁。

(2)动车组原则上不得配备使用随车备品以外的用电设备,确因动车组检修运用需要临时在车上使用其他电气设备设施时,选用的产品、摆放的位置、使用的电源插座,须经铁路局车辆处批准;随车机械师发现旅客使用电器设备额定功率超过插座额定功率等防火安全隐患问题时,应立即通知客运人员进行制止,必要时通知乘警处理;外接电器设备使用过程中,必须有专人值守和管理,使用完毕后须关闭电源、拔下电源插头,严禁外接电器设备在无人监管的情况使用;途中巡视作业时,随车机械师必须检查外接电器规范使用情况,发现列车工作人员违章使用、设备不良等问题时,随车机械师须立即制止。

3. 杂物管理

配电柜等电气装置、各回风口、出风口附近不得堆放或搭挂物品,严禁堆放物品。

4. 配电柜检查

(1)清洁、检查各配电盘、电器控制柜及内部各空气断路器、接触器、继电器、电磁阀、接线端子、温度贴片、配线、线号及标志牌:确认无积水及杂物;隔热层良好无破损;配电柜无破损、锁闭状态良好;空气断路器容量与相应负载额定功率相匹配,动作灵活无卡滞;接触器、继电器、电磁阀安装状态良好;接线端子紧固、无变色、无异味;配线正确、线号清晰、无变色、无破损;线卡紧固;密封胶泥密封良好;标示牌显示正确、字体清晰;测温试纸齐全、作用良好、无破损、未失效;各揭挂说明粘贴牢固、齐全;车内无焦煳异味、配电柜内无异味。

(2)防寒防冻期过后将动车组各车配电柜中电伴热开关处于断开位。动车组防寒整备前及防寒防冻期过后禁止闭合动车组各电伴热开关。

5. 空气断路器状态确认

(1)检修作业时发现空气断路器自动分闸、熔断器熔断后,未查明具体原因前不得复位或更换。

(2)运行途中发现空气断路器自动分闸、熔断器熔断后,如不影响行车,不得复位;影响行车时,要听从"110"应急指挥人员指挥,不得频繁闭合断开空气断路器、马达启动器。

6. 电源插座检查

检查各电源插座:确认安装紧固、外观无变形、变色等现象,电源插座需更换时,应更换为相同型号、等级的电源插座。

7. 防火设施检查

检查防火隔断门、禁烟防火标识、灭火器、破窗锤:确认防火隔断门作用良好、开闭顺畅;禁烟防火标识数量齐全、无破损;灭火器定检不过期、技术状态良好；破窗锤配置齐全。

8. 烟火报警器检查

（1）检查试验车载火灾报警器，确认功能正常、无报警信息和故障记录；检查乘客紧急报警按钮，确认外观良好、作用正常。

（2）结合二级修对客室和卫生间烟火传感器探头滤棉进行更换，检查烟火报警装置故障记录，对故障烟火传感器探头进行及时更换。

9. 数据下载分析

动车组一级修作业时，对动车组 IC 卡数据、CCU 数据进行下载分析，发现有各部加热器异常信息、火灾报警信息时需立即查明原因、彻底处置。

10. 动车组伴热检查

对于防寒整备后投用电伴热的动车组，一级修作业时，试验盥洗室水龙头、卫生间洗手池水龙头出水状态，确认出水温度正常；观察污物箱及吸污作业，确认污物箱无异常加热问题；CRH2A 统型、CRH380A 统、CRH2E 型动车组，一级修作业时重点通过配电柜内液位/加热显示器中【水箱加热指示】【污物箱加热指示】显示状态，对比卫生间洗手池出水温度，判断电伴热是否存在不加热或异常加热故障（水温 9 ℃ 以上水箱电伴热不工作，水温 3.5 ℃ 以下水箱电伴热工作）。

11. 车内死角检查

检查车内端部各连接渡板、内风挡及各垃圾箱；确认各处无杂物。

12. 车下设备检查

检查牵引变压器、牵引变流器、牵引电机、空压机、连续换气装置等设备的散热片、滤网、冷却风机和各制动盘、制动夹钳、踏面清扫装置，确认表面清洁无异物；安装牢固；配线无破损老化现象；接线紧固无松动；各部风机运转正常；动车组各部无焦糊异味、无异常温度感。

13. 关闭电源

动车组完成当天运行任务，终到车站后，随车机械师将各车厢电视和车内旅客信息显示屏电源关闭。

# 第十四章　动车组蓄电池使用、维护卡控措施

（1）当动车组仅使用蓄电池供电时，作业人员须对动车组蓄电池电压进行盯控。四方平台动车组蓄电池电压高于 90 V，CRH380B 型动车组蓄电池电压高于 93 V 时，作业人员须对动车组蓄电池电压每 15 min 查看一次；四方平台动车组蓄电池电压低于 90 V（含 90 V），CRH380B 型动车组蓄电池电压低于 93 V（含 93 V）时，作业人员须对动车组蓄电池电压进行不间断盯控；四方平台动车组蓄电池电压低于 87 V（含 87 V），CRH380B 型动车组蓄电池电压低于 90 V（含 90 V）时，作业人员须对动车组升弓送电。

（2）一、二级检修作业、故障处理、动车组试验、动车组实作、动车组演练结束，随车机械师退乘，防冻预热断电等时，作业人员须断开蓄电池。在断开蓄电池前后，作业人员须分别对动车组蓄电池电压和司机室监控屏进行拍照。

（3）动车组调车作业及高铁站存放终到完毕后，动车所应对蓄电池电压进行拍照确认，并锁闭车门，对车厢照明状态进行拍照确认。

（4）二级修时，作业人员要认真测量每个蓄电池容量，发现蓄电池容量低于 80%，有漏液、变形、严重硫化现象，电压过低、过高时，要立即更换；发现蓄电池液位不满足要求时，禁止添加电解液；发现蓄电池箱通气孔有堵塞现象时，要及时进行清理。同时对蓄电池固定状态进行检查，确保蓄电池安装牢固。

（5）一级修作业时，发现有蓄电池电压降低过快的现象时，对动车组蓄电池容量进行测量。

（6）发生过亏电现象（四方平台动车组蓄电池电压低于 77 V，CRH380B 型动车组蓄电池电压低于 78 V）的动车组，在下次二级修修竣前须对全列蓄电池进行更换。

（7）随车机械师接车作业、防冻预热时升弓前，须对动车组蓄电池电压进行查看，并拍照留存。发现蓄电池电压过低时，须及时向调度室值班员汇报，采取相应处理措施。

（8）动车组停放前，应检查确认车内无人、各用电设备关闭、车门关（锁）闭良好，消除火灾隐患。对于停放时间超过 24 h 的动车组，动车所要断开各蓄电池电源开关，隔离、锁闭全列车门。巡查作业人员每两小时巡查一次，每天确认一次蓄电池电压，每 48 h 对停放动车组进行一次蓄电池充电。保安人员要按规定对动车组存放场进行巡查，防止闲杂人员接近动车组。

（9）动车所须加强对应急升弓电源装置的保养，每个月需对其检查、充电一次，发现状态异常（如电池变形、漏液等）、充电后电压低于 100 V 时，须立即进行更换；发现配件缺失或损坏时，须立即进行补充或替换；每 3 年对应急升弓电源装置进行更新，并交材料科联系厂家进行处理。各动车所、高铁存放点须至少配备 1 套应急升弓电源装置，存放点所属动车所每个月需将应急升弓电源装置替换回所充电、保养 1 次。

（10）配属 CRH380B 型动车组的动车所须配备适合 CRH380B 型动车组的移动电源车，设备车间和配备移动电源车的动车所须按照设备管理要求定期对移动电源车做好点检和巡检。

（11）动车组发生亏电后，CRH2A 统型动车组至少充电 4 h，CRH380A（L）型动车组至少充电 8 h，CRH380B 型动车组至少充电 1 h。

（12）安全生产指挥中心须将四方和长客平台动车组应急升弓演练纳入动车段年度动车组演练计划，动车所须每半年进行 1 次四方和长客平台动车组应急升弓演练。

# 第十五章　恶劣天气下检修运用其他要求

## 一、天气预报

调度指挥中心要每天及时发布动车组运行沿线雾霾、雨雪、大风等恶劣天气预警信息；动车所随车机械师做好信息反馈，及时将动车组运行沿线天气情况向段调度汇报。

## 二、应急指挥

调度指挥中心指派专人按照相应措施在调度室做好统一指挥，实时掌握在线动车组运行情况，及早完成备用动车组的检修，组织做好动车组开行、融冰除雪等检修工作。

## 三、限速要求

（1）动车组列车遇大风行车限速的规定如下：

① 在环境风速不大于 15 m/s 时，可以正常速度运行；环境风速不大于 20 m/s 时，运行速度不大于 300 km/h；环境风速不大于 25 m/s 时，运行速度不大于 200 km/h；环境风速不大于 30 m/s 时，运行速度不大于 120 km/h；环境风速大于 30 m/s 时，严禁动车组列车进入风区。

② 在线路中心线距站台边缘为 1 750 mm 的正线、到发线办理动车组列车通过时，在环境风速不大于 15 m/s 情况下，速度不得超过 80 km/h；当环境风速超过 15 m/s 时，动车组运行速度不得超过 45 km/h，并注意运行。

（2）遇有降雨天气，重点防洪地段 1 h 降雨量达到 45 mm 及以上时，列车限速 120 km/h；1 h 降雨量达到 60 mm 及以上时，列车限速 45 km/h。当 1 h 降雨量降至 20 mm 及以下、且持续 30 min 以上时，可逐步解除限速。

### 四、送车添乘

雾霾、降雪、冻雨、大风天气时，动车所值班干部或乘务队长须在站对各始发、折返动车组进行盯控，重点盯控随车机械师始发作业、动车组车顶受电弓状态、车底积雪等情况，同时动车所安排人员对重点车次进行添乘指导。

### 五、加强备用动车组检修

（1）对故障动车组进行尽快修复。
（2）对检修即将超期动车组尽快安排检修。
（3）充分预想，做好动车组换车准备。

### 六、异地动车组管理

动车组异地过夜停放，遇雾霾、降雪、冻雨天气时，随车机械师向存放点管理单位申请，调度指挥中心、技术科和动车所协助随车机械师与存放点管理单位沟通联系，协调动车组入库进行车顶高压设备擦拭、融冰除雪或故障处理等工作。